이지성의 꿈꾸는 다락방

이지성의

꿈꾸는 다락방

꿈을 현실로 만드는 공식, R=VD

이지성 지음

차이정원

별처럼 빛나는 젊음의 때에
꿈을 믿는다는 것은
얼마나 위대한 일인가

그러나 그보다
더 위대한 일은
인생의 황혼 무렵에
이렇게 말할 수 있는
삶을 사는 것이라네

나의 꿈은 이루어졌노라[1]

— 작자 미상 —

· 서문 ·

모든 것은 꿈에서 시작되었다

'생생하게 꿈꾸고 글로 적으면 현실이 된다.'

고대로부터 전해져 내려오는 말이다.

1837년의 일이다. 천재적인 상상력으로 유명한 소설가 에드거 앨런 포는 현실과 공상을 구분하지 못할 정도의 광기에 사로잡혀서《아서 고든 빔의 이야기》라는 소설을 집필했다.

처음부터 끝까지 끔찍한 사건들로 도배되어 있다시피 한 이 소설의 하이라이트는 주인공을 포함한 네 명의 선원이 조난당해 바다를 떠돌다가, 굶주림을 참지 못하고 제비뽑기로 한 사람을 정해 살해한 뒤 인육을 먹는 장면이다. 소설 속에서 제비뽑기로 희생된 선원의 이름은 리처드 파커였다.

1884년의 일이다. 영국 법원은 영국 사회를 공포와 충격으로 몰아넣은 희대의 살인사건을 저지른 남자 세 명에게 징역형을 선고했다. 토머스 더들리, 에드윈 스티븐, 에드먼드 브룩스 이 세 사람의 혐의는, 난파당해 바다를 떠돌다가 굶주림을 참지 못하고 제비뽑기로 동료를 끔찍하게 살해해서 먹어치운 것이었다. 희생된 사람의 이름은 놀랍게도 리처드 파커였다.

에드거 앨런 포는 미래의 어떤 사건을 자신의 두 눈으로 직접 바라보는 것처럼 생생하게 꿈꾸면서 글로 적었다. 그러자 47년 뒤에 진짜로 현실이 되어 나타났다.

대부분의 소설 작품들은 작가의 마음속에서 허구로 태어나서 허구로 기록된다. 그런데 어떤 작품들은 그렇지 않다. 《아서 고든 빔의 이야기》를 비롯해 다음과 같은 작품들이 대표적이다.

아서 로우는 1885년에 조난당한 캐롤라인호의 유일한 생존자 로버트 골딩의 이야기를 다룬 《캐롤라인호》라는 작품을 썼다. 얼마 뒤 실제로 캐롤라인이라는 이름을 가진 배가 조난을 당했다. 생존자는 한 명이었는데 그의 이름은 로버트 골딩이었다.

모건 로버트슨은 1898년 《타이탄호의 침몰 혹은 부질없음》이라는 소설을 발표했다. 인류 최고의 기술로 만들어진 거대한 배 타이탄호가 빙산에 충돌해서 침몰한다는 내용을 담고 있었다. 그로부터 14년 뒤인 1912년, 당시 인류 최고의 기술로 만들어졌다는 타이타닉호가 북대서양에서 빙산을 만나 침몰했다. 이 사건은 레오나르도 디카프리오 주연의 영화 〈타이타닉〉으로 만들어지기도 했다. 그런데 놀랍게도 소설 속의 타이탄호와 현실 속의 타이타닉호가 침몰한 달, 승객과 승무원 수, 구명보트의 수, 배의 전체 길이와 배수량, 빙산 충돌 당시의 속력 등이 완전히 일치했다.

레온하르트 프랑크는 1927년에 《가수들》이라는 작품을 쓰면서 '한나'라는 여인을 등장시켰다. 한나는 그가 어릴 적부터 생생하게 꿈꾸어온 이상형이었다. 당연히 그는 한나의 외모와 성격을 살아 있는 인물처럼 생생하게 묘사할 수 있었다. 그로부터 21년 뒤인 1948년, 레온하르트 프랑크는 자신보다 무려 28세나 어린 한 여인과 결혼했다. 그 여인의 이름은 한나였는데, 소설 속에 나오는 것과 똑같은 외모와 성격을 가지고 있었다고 한다.

톰 클랜시의 소설 《긴급명령》에는 휴대전화로 가족에게 건 전화가 도청되어 은신처가 노출된 콜롬비아 마약 왕이 콜롬비아 국가경찰에게 사살되는 장면이 나온다. 놀랍게도 소설의 실제 모델이었던 콜롬비아 마약 왕 파블로 에스코바르는 훗날 소설에 적힌 그대로 발각되어 사살되었다.[2]

위의 작품에는 다음과 같은 공통점이 있다.

작가가 의식적이든 무의식적이든 현실세계와 상상세계를 구분하지 못하는 상태에서 미래의 어떤 사건을 생생하게 꿈꾼 뒤

이를 글로 적었다. 그것은 실제 현실에서도 그대로 이루어졌다.

만일, 만일 말이다. 당신도 이 작가들처럼 미래를 생생하게 꿈꾸고 글로 쓴다면, 똑같은 일이 일어날까? 당신이 간절하게 소망하는 일들이 실제로 이루어질까?

꿈이 현실이 되는 놀라운 공식

서두를 상당히 기괴한 분위기로 장식한 것 같다. 미안하게 생각한다. 하지만 이해해주기 바란다. 다른 건 몰라도 첫 페이지는 독자의 두 눈을 빨아들일 것 같은 글을 쓰는 게 좋다는, 오래된 창작원칙을 따르려다 보니 그렇게 되었다.

나에게 작가로서의 탁월한 재능이 있다면《아서 고든 빔의 이야기》같은 으스스한 사례 대신 좀 더 밝고 경쾌한 이야기로 시작했을 것이다. 그런데 아직은 노력이 많이 필요한 작가라 그러지 못했다. 어쨌든 서두의 이야기가 기대한 효과를 거두었기를 바라며 본격적인 이야기를 시작해보려고 한다.

이 책은 성공의 기술에 관한 이야기다. 가시적인 측면에서 보면 인류는 항상 두 부류로 나누어진다. 가진 자와 못 가진 자, 합격한 자와 낙방한 자, 건강한 자와 병든 자 등등. 즉 성공자와 실패자로 나뉜다. 그렇다면 성공자와 실패자를 가르는 결정적인 요인은 무엇일까?

우리는 보통 그 요인을 '노력'으로 알고 있다. 물론 이것이 상당히 비중 있는 요인이기는 하다. 하지만 과연 노력이 결정적인 요인일까? 그렇지 않다는 것은 당신도 잘 알고 있을 것이다. 세상에는 일평생 허리가 휘도록 일하고도 자기 집 한 채 장만하지 못하는 사람들이 있는가 하면, 놀 것 다 놀면서도 어마어마한 재산을 마련하고 엄청난 유명세까지 타는 사람들이 존재하기 때문이다.

노력이 성공의 비결이라는 것은 이론적으로도 말이 잘 안 된다. 세상에는 당신과 같은 나이인데 당신보다 10배, 20배 성공한 사람들이 존재한다. 만일 노력이 성공의 비결이라면 그들은 당신보다 10배, 20배 더 많이 노력한 사람들이어야 한다. 즉 당신이 하루에 2시간을 일한다면 그들은 하루에 20시간 또는 40시간 일하는 사람들이어야만 한다. 이게 말이 된다고 생각하는가.

전화기를 발명한 알렉산더 그레이엄 벨도 이게 궁금했나 보다. 벨은 독일의 저명한 과학자였던 라이스가 발명한 전화기를 가지고 오랫동안 고민했다. 라이스의 전화기는 벨의 전화기보다 무려 15년 앞서 제작된 것으로 모든 면에서 벨이 발명한 전화기와 같았다. 그런데 이상하게도 휘파람 소리만 전달할 수 있을 뿐 사람의 목소리는 전달하지 못했다. 쉽게 말해서, 벨과 라이스는 똑같은 노력을 기울였지만 서로 반대되는 결과를 얻었다. 벨은 성공했고 라이스는 실패했다.

벨은 라이스가 실패한 원인을 찾아냈다. 라이스의 전화기는 전극을 제어하는 작은 나사 하나가 1,000분의 1인치쯤 빗나가 있었다. 벨은 나사를 제대로 맞춰보았다. 그러자 사람의 목소리가 맑고 또렷하게 전달되었다.[3] 순간 벨은 커다란 의문에 사로잡혔다. 상식적으로 생각할 때 1,000분의 1의 실수를 저질러야 할 사람은 저명한 과학자 라이스가 아니라 농아학교 선생님 출신인 자신이어야 했기 때문이다. '왜 라이스는 실패하고 나는 성공한 걸까?'라고 의문을 가진 벨은 자신과 라이스를 구분 짓는 결정적인 차이점을 찾기 시작했다. 마침내 벨은 답을 얻었다. 그것은 '무의식적 사고의 힘'이었다.[4] 벨과 달리 라이스는 무의식적 사고의 힘을 믿지도 않았고, 사용하지도 않았다.

20세기에 가장 성공한 여성 중의 한 명인 에스테 로더는 벨이 말한 무의식적 사고의 힘을 '시각화의 힘'이라는 말로 표현한다.

젊은 시절, 에스테 로더는 어느 부자 동네의 미용실에 들렀다가 한 부잣집 마나님으로부터 모욕을 받았다. "어머나, 입고 계신 블라우스 좀 봐. 너무너무 예쁘고 우아해요! 도대체 이걸 어디서 사신 거예요?"라고 물었다가 "알아서 뭘 하게? 자네 같은 가난뱅이 여자는 평생 손도 대지 못할 텐데"라는 핀잔을 들었던 것이다.

에스테 로더는 대꾸도 못한 채 울면서 미용실을 뛰쳐나왔다고 한다. 하지만 자존심만은 대단해서 집으로 돌아오는 내내 "앞으로는 죽어도, 죽어도, 그 누구도 나에게 가난하다는 말을 못 하게 만들 거야. 원하는 것은 무엇이든 가질 수 있는 사람이 될 거야"라며 맹세에 맹세를 거듭했다고 한다.

그러나 성공하고야 말겠다는 맹세를 한다고 해서 실제로 성공하는 것은 아니다. 또 단순히 열심히 일한다고 해서 성공하는 것도 아니다. 성공을 하기 위해서는 특별한 내면의 힘이 필요하다. 가만히 있어도 성공이 저절로 굴러 들어오게 만드는 강력한 마음의 에너지가 필요하다. 보통 사람들은 이를 '운'이라고 부른다. 에스테 로더 역시 이 사실을 잘 알았다.

에스테 로더는 성공한 사람들을 철저하게 연구했다. 그리고 마침내 성공을 불러들이는 내면의 힘을 얻는 방법을 터득했다. 결과는 당신이 아는 대로다. 부잣집 아줌마의 모욕을 받던 처지에서 4조원 대에 달하는 자산을 가진 세계적인 화장품 회사 에스테 로더사의 주인이 되었다. 에스테 로더는 자서전에서 성공을 끌어들이는 마음의 에너지를 갖는 방법에 대해 이렇게 밝혔다.

"당신의 꿈을 시각화하라. 만일 당신이 마음의 눈으로 이미 성공한 회사, 이미 성사된 거래, 이미 달성된 이윤 등을 볼 수 있다면, 실제로 그런 일이 일어날 가능성이 정말 높아진다.

이미 성공한 모습을 마음속으로 생생하게 그리는 습관은 목표를 달성하는 가장 강력한 수단이다.

나는 백화점에 입점하기 전부터 에스테 로더사의 제품이 대형 백화점에서 어마어마한 판매고를 달성하는 모습을 생생하게 꿈꾸곤 했다. 한두 번이 아니었다. 백화점에 입점할 때마다 수천 번씩 그렇게 하곤 했다. 그러면 내 마음속의 그림은 진짜로 현실이 되곤 했다.

성공을 시각화하면 그 이미지는 반드시 현실이 된다. 이 놀라운 원리는 위대한 성공을 거둔 사람이라면 모두 알고 있고 또 실천하고 있는 것이다. 사업계, 투자계, 운동계를 비롯한 각계 정상에 올라 있는 사람들은 하나같이 이 방법을 실천하고 있다".[5]

알렉산더 그레이엄 벨이 '무의식적 사고의 힘'이라 칭했고, 에스테 로더가 '시각화의 힘'이라고 부른 그 힘을 이 책에서는 'R=VD' 공식이라고 부른다.

이를 풀이하면 이렇다.

생생하게vivid 꿈꾸면dream 이루어진다realization.

이지성의
꿈꾸는
다락방

Contents

Part 1 꿈의 공식, R=VD

Part 2 생생하게 꿈꾸면 이루어진다

Part 3 꿈을 느끼고 말하고 행동하라

• VD 기법 : 기본편 •

Part 4 꿈 너머의 꿈이 현실이 되다

• VD 기법 : 심화편 •

Part 1

꿈의 공식, R=VD

기억하라.

R=VD 공식을 실천하면,

성공의 기회가 운명처럼 찾아든다.

01

생각의 초점을 꿈에 맞춘 두 사람

1986년 부산항, 한 외국인 남자가 배에서 내렸다. 며칠 후 그는 서울 가리봉동 반지하 방에 보금자리를 틀었다. 키가 작고, 못생기고, 돈이 없고, 한국말을 할 줄 모르는 이 남자는 오랜 시간을 백수 또는 3D산업의 노동자로 보냈다.

그로부터 약 20년이 흐른 2007년, 그 외국인 남자는 한국 최고의 여성 댄스가수와 헤어졌다는 신문기사로 전국을 들끓게 한다. 그러더니 몇 달이 못 돼서 자신보다 20세나 어린 여자를 신부로 맞이한다. 그런데 신부의 아버지는 한국 최고 재벌 중 한 명이다.

이런 스토리가 가능할까?

아마도 99.9퍼센트의 사람들이 딱 잘라서 말할 것이다. 불가능하다고.

그런데 실제로 그런 삶을 산 사람이 있었다. 20세기의 지구에서! 그의 이름은 아리스토텔레스 소크라테스 오나시스다.

1923년 9월, 오나시스는 프랑스 파리에 버금가는 화려함을 자랑하는 도시 부에노스아이레스에 도착했다. 빈민가에 월세방을 얻을 수 있는 보증금과 4개월간의 최저생활비가 그가 가진 전부였다. 그는 못생겼고, 키가 작았고, 대졸자가 아니었고, 아르헨티나 언어를 알지 못했다. 당연히 실업자 신세를 면하지 못했다.

하지만 약 4년 후, 그는 통장에 10억여 원의 잔고를 갖게 된다. 그런데 이건 시작에 불과했다. 그의 재산은 점점 불어나서 약 10년 후에는 1천억여 원을 상회하게 된다. 도대체 어떻게 해서 이런 일이 가능하게 됐을까?[6]

오나시스는 독서광이었다. 그는 특히 성공한 사람들의 이야기를 즐겨 읽었는데, 그러면서 자연스럽게 R=VD 공식을 알게 되었다. 성공학 서적에서 이 공식에 대한 이야기를 접하면 99.9%의 독자는 그냥 무시해버리고 만다. 물론 호응하는 독자도 있다. 하지만 순간적일 뿐이다. 즉 R=VD 공식에 자신의 모든 것을 거는 사람은 거의 없다는 얘기다.

오나시스는 이 공식을 알게 된 순간 무릎을 탁 쳤다. '실업의 늪에서, 가난의 늪에서 나를 구해줄 수 있는 것은 바로 이거다!'

라고 굳게 믿었다. 그리고 인생을 걸었다.

매주 토요일마다 최고급 정장을 차려입고 청담동으로 향하는 젊은이가 있다. 그는 청담동에서도 가장 돈 많은 사람들만 간다는 최고급 레스토랑에 들어간다. 그런데 이 젊은이가 하는 행동이 참으로 특이하다. 음식에는 관심이 없다. 두 눈을 크게 뜨고 손님들을 골똘히 바라보다가 이내 눈을 감고 묵상에 잠긴다. 이 행동을 끝없이 반복한다. 식사를 하러 온 게 아니라 무슨 종교의식을 치르러 온 사람 같다. 놀라운 것은 이 젊은이가 묵상의식을 치르기 위해 지불하는 돈이 육체노동으로 번 일주일치 임금이라는 점이다. 당신은 이 젊은이를 어떻게 생각하는가?

오나시스가 바로 그런 젊은이였다. 오나시스는 매주 토요일이면 부에노스아이레스의 최고 부자들만 간다는 초호화 레스토랑으로 향했다. 그러고는 테이블에 앉아서 손님들을 집요하게 관찰했다. 그리고 그들처럼 부자가 된 자신의 모습을 생생하게 꿈꾸었다.[7]

그러던 어느 날이었다. 코스타 그레초라는 사람이 오나시스에게 다가와 말을 걸었다. 매주 토요일 정해진 시간에 레스토랑 구석을 차지하고 앉아, 음식에는 손도 대지 않은 채, 꿈꾸는 듯한 눈망울로 손님들을 응시하기만 하는 오나시스에게 호기심을 가진 것이다. 코스타 그레초는 드라코리스라는 선박회사를 경영하는 그리스인 재벌이었다. 오나시스의 운명이 뒤바뀌는 순간이었다.

화제를 오나시스의 사랑 이야기로 돌려보자.

오나시스는 37세가 될 때까지 결혼을 하지 않았다. 결혼하고픈 여자가 없었기 때문이다. 그러던 어느 날 오나시스는 우연히 한 소녀를 보고 심장에 벼락을 맞은 듯한 충격을 받았다. 말 그대로 꿈에 그리던 사람이었다.

그런데 당황스럽게도 소녀는 우리 나이로 16세에 불과했다. 오나시스는 그동안 사업을 하고 돈을 버는 데 써왔던 R=VD 공식을 결혼을 위해 사용하기 시작했다. 그것도 무려 3년 동안이나!

사랑의 힘이었을까, 아니면 공식의 힘이었을까? 오나시스는 40세에 그 소녀와 결혼하게 된다. 여기까지가 오나시스가 R=VD 공식을 긍정적으로 활용한 사례다.

그 뒤로 오나시스는 이 공식을 부정적으로 사용했다. 그는 당시 세계 최고의 디바로 활약하던 마리아 칼라스에게 사랑을 느낀 나머지 이 공식을 사용해서 그녀를 사랑의 포로로 만들었다. 그는 아내 몰래 무려 9년간이나 마리아 칼라스와 연인 사이로 지냈다. 결국 오나시스는 부인에게 이혼 당하게 된다. 그러다 케네디 대통령의 미망인 재클린 케네디를 보고 다시 사랑에 빠졌다. 오나시스는 이번에도 R=VD 공식을 사용했다. 그러자 재클린 케네디가 무슨 마법에라도 걸린 것처럼 오나시스의 곁으로 와서 두 번째 부인이 되었다. 이때 오나시스는 62세였다.[8]

운명처럼 찾아오는 성공의 기회

스티븐 스필버그는 12세 때부터 R=VD 공식을 실천했다. 그의 초등학교 동창 짐 솔린버거는 한 대중매체와의 인터뷰에서 이렇게 말했다.

"스필버그는 열두 살 때부터 자신이 아카데미 시상식에 참석해서 상을 타고 관객들에게 감사의 말을 전달하는 광경을 간절하게 상상했다. 그가 그 광경을 너무도 생생하게 꿈꾸고 말했기에 우리 모두는 그의 소망을 매우 잘 알고 있었다."

스티븐 스필버그 역시 1989년에 한 인터뷰에서 같은 말을 했다.

"나는 열두 살 때 영화감독이 되기로 마음먹었다. 단순히 소망한 게 아니다. 나는 내 꿈을 분명하게 그렸다."

하지만 스필버그의 생생한 꿈은 오래도록 이루어지지 않았다. R=VD 공식을 실천한 뒤 무려 9년이 지나도록 그는 영화판 근처에도 못 가고 있었다. 영화사 관계자 중 그의 이름을 아는 사람은 한 사람도 없었다. 그는 영화계에서 철저히 소외된 존재였다.

아마 스필버그가 보통 사람이었다면 이쯤에서 포기하고 말았을 것이다. '생생하게 꿈꾸면 이루어진다고? 웃기고 있네!' 하면서 말이다. 하지만 스필버그는 달랐다. 그는 더욱 생생하게 꿈꾸는 길을 선택했다.

어느 날 스필버그는 영화감독처럼 차려입고 유니버설 스튜디오로 쳐들어갔다. 그의 태도가 너무나 당당했기에 경비원들은 감히 제지할 생각도 하지 못했다. 스필버그는 빈 사무실을 하나 찾아낸 뒤 '스티븐 스필버그 감독 사무실'이라는 간판을 내걸었다. 그러고는 교환실로 가서 전화기와 전화번호를 받았다. 그가 너무도 당당했기 때문에 아무도 그를 의심하지 않았다.[9]

스필버그는 그 사무실을 무려 2년 넘게 사용했다. 그 2년 동안 그는 R=VD 공식을 거의 완벽에 가깝도록 실천했다. 세계적인 감독들이 일하는 모습을 바로 옆에서 지켜보면서 그리는 꿈의 영상은 과거에 혼자만의 상상 속에서 그리던 것과는 차원이 달랐다. 그것은 꿈과 현실을 구분하기 어려울 정도로 실제적이고 현실적인 영상이었다.

스필버그의 꿈은 현실이 되었을까? 답은 '그렇다'이다.

어느 날 스필버그는 이름뿐인 사무실을 나와서 해변을 산책하고 있었다. 그러다가 우연히 한 남자와 말동무를 하게 되었다. 이야기를 나눠보니 그는 스필버그 못지않은 영화광이었다. 서로 통한다고 느낀 스필버그는 오래된 친구에게 하듯 자신의 처지와 고민을 털어놓았다. 그러자 느닷없이 그 사람이 "당신의 열정에 반했다. 내가 영화 제작비용을 대겠다. 그러니 마음껏 영화를 찍어봐라" 하고 제안하는 것이 아닌가.

알고 보니 그는 미국에서 손꼽히는 갑부였다. 스필버그는 그의 제안을 받아들였다. 그렇게 첫 공식 데뷔작 〈앰블린〉이 탄생했고, 이 영화는 베니스 국제영화제 수상작이 되었다.[10]

기억하라. R=VD 공식을 실천하면, 성공의 기회가 운명처럼 찾아든다.

물 위에 뜬 기름처럼 사고하라

1955년의 일이다. 21세기의 빌 게이츠 만큼 많은 재산을 모은 아리스토텔레스 소크라테스 오나시스는 모나코에서 열린 국제자동차경주대회에서 2위로 입상한 메르세데스 자동차 경주팀을 선상 파티에 초대했다. 메르세데스 자동차 경주팀의 팬이었던 부인을 즐겁게 해주기 위해서였다.

파티 도중에 리페라는 이름을 가진 선수가 오나시스에게 물었다.

"어떻게 하면 당신처럼 세계 최고의 부자가 될 수 있는 겁니까?"

오나시스는 조용히 대답했다.

"마치 물 위의 기름처럼 세상 사람들의 생각 위에 항상 떠 있어야 합니다."[11]

세상 사람들은 오나시스나 스필버그 같은 사람이 되고 싶다고 생각하면서도 이들처럼 생각의 초점을 꿈의 영상을 그리는 데 맞추지는 않는다. 하지만 오나시스나 스필버그 같은 사람들은 자신의 인생을 걸고 생각의 초점을 꿈의 영상에 맞춘다. 그 결과 그들은 우리가 알고 있는 오나시스와 스필버그가 될 수 있었다.

맹물 같은 생각밖에 할 줄 모르는 세상 사람들의 사고습관을 따르지 마라. 물 위에 뜬 기름처럼 높은 수준의 사고습관을 가져라. 세상 사람들이 실천하지 않는 R=VD 공식을 실천하라. 그러면 원하는 꿈을 이룰 수 있다.

이런 의미로 던져진 오나시스의 선문답 같은 대답은 호화로운 파티 분위기에 취해 흥청망청하고 있던 메르세데스 자동차 경주팀을 숙연하게 만들었다.

02

꿈의 차이가 곧 인생의 차이다

피카소와 반 고흐는 거의 똑같은 예술적 재능을 가진 화가였다. 하지만 알다시피 두 사람의 인생은 극단적으로 상반되게 펼쳐졌다. 피카소가 세속적으로 성공의 표본 같은 삶을 살았던 반면, 반 고흐는 세속적으로 실패의 표본 같은 삶을 살았다.

피카소는 30대 초반에 이미 백만장자가 되었다. 그의 성공은 나이가 들수록 가속화됐다. 그는 천만장자가 되었고 억만장자가 되었다. 화가로서의 명성 역시 마찬가지였다. 미술계 인사들에게 서서히 알려지기 시작하더니 오래지 않아 미술계의 스타가 되었고, 세계적인 화가가 되었다.

반 고흐는 평생 부富와 인연이 없는 사람이었다. 그는 20대에도 빈민이었고 30대에도 빈민이었으며 죽을 때도 빈민이었다. 화가로서의 명성 역시 우울하기 짝이 없었다. 그의 그림은 마치 무슨 저주라도 걸린 것처럼 사람들의 이목을 끌지 못했다. 그는 철저히 무명으로 살았고 무명으로 죽었다.

어떤 면에서 보면 반 고흐는 피카소보다 더 위대한 재능을 가진 화가였다. 피카소가 화가 아버지의 빈틈없는 교육과 후원 아래 4세 때부터 그림을 그렸던 반면, 반 고흐는 27세 때부터 그림을 그리기 시작했기 때문이다. 게다가 반 고흐에게는 스승이나 인도자도 없었다. 이런 위대한 반 고흐가 어쩌다가 물질적으로는 피카소보다 못한 삶을 살게 된 걸까? R=VD 공식의 관점에서 보면 피카소는 긍정적인 VD를 했던 반면, 반 고흐는 부정적인 VD를 했기 때문이다.

피카소에게도 한때 반 고흐 못지않은 무명 시절이 있었다. 그 세월은 10년 넘게 지속되었다. 그는 세상으로부터 인정받지 못한 화가였고, 그림이 팔리지 않는 화가였다. 그도 무명 시절 내내 반 고흐처럼 빈민가에서 살았다. 그 10년 넘는 세월 동안 피카소가 마음속으로 생생하게 그렸던 그림은 부와 명예를 한 손에 쥔 자신의 모습이었다. 세계적인 화가가 된 자신의 모습이었다. 피카소는 마음속으로 그림을 그리는 것만으로는 모자랐던지 입만 열면 이렇게 말하곤 했다.

"나는 그림으로 억만장자가 될 것이다!"

"나는 미술사에 한 획을 긋는 화가가 될 것이다!"

"나는 갑부로 살다가 갑부로 죽을 것이다!"

반면 반 고흐는 마음속으로 세상의 인정을 받지 못한 채 쓸쓸하게 사라지는 자신의 모습을 그리곤 했다. 가난과 병에 시달리면서 살다가 비참하게 죽는 그런 미래를 생생하게 꿈꾸곤 했다. 그리고 피카소처럼 입만 열면 예언적인 말을 했다.

"나는 평생 이렇게 비참하게 살다가 죽을 것 같아."

"나는 돈과 인연이 없어."

"불행은 나를 절대로 떠날 것 같지 않아."

이런 말들은 그가 동생 테오에게 보낸 편지에서도 종종 발견되곤 한다.

동일한 재능을 지녔던 두 사람의 인생은 두 사람의 마음속 그림대로 전개되었다.

어느 호텔 왕의 고백

사람의 미래는 노력이나 재능이 아니라 그가 마음속으로 생생하게 그리는 그림에 의해서 결정된다고 단언한 사람이 있다. 그는 망나니 같은 행동으로 악명 높은 패리스 힐튼의 할아버지, 콘래드 힐튼이다. 콘래드 힐튼은 전 세계에 250개가 넘는 힐튼 호텔을 세운 사람으로 오늘날까지도 '호텔 왕'이라고 불린다.

금융공황의 여파로 망한 집안에서 어렵게 자란 그는 20세에 호텔 벨 보이로 사회생활을 시작했다. 그는 아주 오랫동안 돈 없고 힘없는 사람들 속에서 묻혀 살면서, 돈 있고 힘 있는 사람들의 가방을 들어주고, 그들이 묵을 방을 청소하고, 뒤치다꺼리를 해주는 일로 생계를 유지했다.

콘래드 힐튼이 언제 어떤 경로로 R=VD 공식을 접하게 되었는지는 분명하지 않다. 어쩌면 그는 자신이 근무하는 호텔에 묵은 성공한 사람들과 직간접적으로 접촉하면서 자연스럽게 배웠을 수도 있다. 어쨌든 그는 젊은 시절에 이미 수준 높은 VD를 하고 있었다.

그는 당시 미국에서 가장 큰 호텔의 사진을 구해서 책상 위에 붙여놓고 그 호텔의 주인이 된 자신의 모습을 '강렬하게' 상상했다. 단순히 미래에 대한 꿈을 꾸는 정도가 아니었다. 현실과 꿈의 경계를 분간하기 힘들 정도로 강력하게 VD했다. 그것도 하루에 수십 차례씩, 온몸의 기력이 다 빠져나갈 정도로.

그로부터 15년 뒤인 1949년 10월, 콘래드 힐튼의 VD는 $R^{현실}$이 되었다. 그는 미국에서 가장 큰 호텔을 소유하게 되었다. 후일 호텔 왕이 된 콘래드 힐튼은 사람들이 성공 비결을 물어올 때마다 이렇게 대답했다.

"흔히 사람들은 재능과 노력이 성공을 가져다줄 것으로 생각한다. 그러나 그렇지 않다. 성공을 불러들이는 것은 생생하게 꿈꾸는 능력이다. 내가 호텔 벨 보이 생활을 할 때 내 주위에는 나와 똑같은 처지의 벨 보이가 많이 있었다. 호텔을 경영하는 재능이 나보다 뛰어난 사람은 더 많았고, 나보다 더 열심히 일하는 사람 역시 많았다. 하지만 성공한 자신의 모습을 온 힘을 다해서 그린 사람은 오직 나 하나뿐이었다. 성공하는 데 있어서 가장 중요한 것은 꿈꾸는 능력이다."[12]

매일 탈진할 정도로 미래를 그려라

"네 적성에 맞는 분야를 찾은 다음 전력투구하라. 그러면 성공한다."

생각해보라. 이 얼마나 합리적이고 과학적인 이야기인가? 이런 이야기는 얼마든지 목에 힘을 주고 할 수 있다. 하지만 "매일 탈진할 정도로 네 미래를 생생하게 그려봐. 그럼 성공해"와 같은 이야기는 그냥 목구멍에서 걸려버린다. 도무지 입 밖으로 나오지 않는다. 어쩌면 우리는 R=VD 공식을 확신하지도, 가족이나 친구들에게 자신 있게 권하지도 못하기 때문에 아직 성공하지 못했는지도 모른다.

하지만 생각해보라. 성공이라는 단어 자체가 얼마나 비현실적인가? 빈민가에 사는 청년이 세계 최고의 재벌이 되고, 영화판에서 쫓겨나는 게 일이었던 젊은이가 아카데미상을 수상하는 영화감독이 되고, 호텔 벨 보이가 250개가 넘는 호텔을 가진 사람이 된다. 이런 게 바로 성공인데, 따지고 보면 이런 이야기들이야말로 정말 비현실적이지 않은가!

나는 감히 주장하고 싶다. 말도 안 되는 일을 이루려면 말이 되는 방법으로는 곤란하다고. 콘래드 힐튼의 말처럼, 재능과 노력만 가지고는 안 된다는 이야기다. 말이 안 되는 일을 이루려면 말이 안 되는 방법이 필요하다. R=VD 공식을 실천하는 일 같은.

같은 대학, 같은 회사에 들어갔다는 것은 동일한 능력을 가졌다는 이야기다. 사장으로서 사업을 한다는 것 역시 마찬가지다. 비록 규모는 다를지언정 회사를 세웠다는 것 자체가 동일한 사업가적 재능을 가졌다는 의미다. 그런데 10년 후의 미래는 현격하게 달라진다. 성공하는 사람은 열에 하나 정도에 불과하다.

성공한 사람들은 모두 R=VD 공식을 치열하게 실천했다. 물론 그들은 이 공식 때문에 성공했노라고 말하지 않는다. 우리 사회의 문화에 맞게 겸손한 태도로 "그저 운이 좋았을 뿐이지요"라고 한다. 성공한 사람들은 아무것도 아니었던 시절, 꿈을 입 밖에 꺼냈다가 사람들로부터 무시당해 본 가슴 아픈 경험을 아주 많이 갖고 있기 때문이다. 또 성공하지 못한 대부분의 사람들은 R=VD 공식의 힘을 알지도 믿지도 않으며, 이 공식을 말하는 사람을 이상한 눈으로 바라본다는 사실을 잘 알고 있기 때문이다.

나는 이 책을 쓰기 위해 자수성가한 사람들을 많이 만나 인터뷰해보았다. 30대 초반으로 강남에 사업체를 여러 개 갖고 있는 사람, 30대 중반으로 약국을 두 개 경영하고 있는 사람, 역시 30대 중반으로 매스컴에 여러 차례 소개된 명품 의류 매장을 갖고 있는 사람, 40대 후반으로 500만 원 이상의 하루 매출을 올리는 사람 등등.

그들에게 R=VD 공식을 아느냐고 물었다. 그리고 혹시 실천해 본 적 있냐고 물었다. 그들의 대답을 한 문장으로 정리하겠다. 그들은 이렇게 말했다.

"나는 R=VD 마니아입니다!"

03

노력보다 중요한 것은 꿈꾸는 능력이다

평범한 과학자에게 "새로운 과학적 발견을 하기 위해 굳이 실험실에서 실험할 필요는 없다. 그냥 머릿속으로 실험을 상상하기만 해도 충분하다"고 말한다면 어떤 반응을 보일까? 아니 이 글을 읽는 당신에게 묻고 싶다. 당신은 어떻게 생각하는가?

아인슈타인은 과학의 역사를 새로 쓴 사람이다. 더 말할 것도 없이 그는 천재다. 몇백 년 만에 한 번 나올까 말까 한! 그런데 놀랍게도 아인슈타인은 실험실에서 직접 실험한 적이 거의 없다. 그는 대부분 VD 실험을 했다. 하지만 오차가 거의 없었다. 실제 측정한 값과 거의 완벽하게 맞아 떨어졌다. 인류 최고의 과학자 중 한 명인 그는 VD를 하면 R이 된다는 사실을 자신의 실험을 통해서 증명했다.

아인슈타인의 상대성이론은 R=VD 공식의 힘을 증명하는 대표적인 예다. 아인슈타인은 전적으로 VD 실험을 통해 상대성이론을 완성했다. 하지만 반신반의하는 사람이 적지 않았다. 노벨물리학상 수상자인 로렌츠 박사 같은 사람은 그의 이론을 정면에서 비판하기까지 했다. 어쩌면 그것은 당연한 일이었다. 아인슈타인에게는 직접 내세울 만한 실험 결과가 하나도 없었으니까.

1919년 5월 29일 영국의 천문학자 에딘튼이 관측대를 이끌고 아프리카의 케냐로 향했다. 개기일식을 관측하면 아인슈타인의 이론이 틀렸는지 맞았는지 알 수 있기 때문이었다. 만일 아인슈타인의 이론이 사실이라면 일식 때 태양 근처의 별은 태양의 중력에 영향을 받아 진짜 위치에서 조금 떨어져 있는 것으로 보일 것이다. 관측 결과는, 아인슈타인의 승리였다. 태양 근처에 있는 별의 실제 위치를 측정한 결과 아인슈타인이 VD 실험을 통해 측정한 값과 일치했다.

정리를 하면 이렇다.

1. 아인슈타인은 과학적 성공을 거두고자 했다.

2. 아인슈타인은 VD를 했다.

3. 아인슈타인의 VD는 R이 되었다.

당신도 마찬가지다. 성공하고 싶다면 VD를 해야 한다. 그러면 언젠가 당신의 VD는 R이 된다.

평범한 사람들은 죽도록 열심히 일하는 것을 성공의 제일 요소로 생각한다. 하지만 성공한 사람들은 이미 성공한 자신의 모습을 생생하게 그릴 수 있는 능력을 성공의 제일 요소로 생각한다. 둘 중 누가 옳은가? 당연히 성공한 사람들이 옳다. 호텔 왕 콘래드 힐튼이 생전에 "호텔 왕인 나와 평범한 호텔 직원들의 차이는 오직 하나, 성공을 상상하는 능력 외에는 없다"라고 입버릇처럼 읊조리고 다녔던 걸 깊이 생각해보길 바란다.

아인슈타인의 경우도 마찬가지다. 평범한 과학자들이 성공은 오직 실험실에서 죽도록 일해야 찾아온다고 믿었을 때 그는 VD를 하면 성공한다고 믿었다. 그는 여유롭게 삶을 즐겼다. 여자친구를 만나 사랑을 했고, 문학과 철학에 빠졌고, 여행을 다녔다. 직업을 선택할 때는 물리학과 전혀 관계없는 특허국 공무원을 선택했다. 그는 하루 8시간씩 특허 관련 서류를 검토하는 일로 생계를 해결했다. 그 와중에 그는 끊임없이 VD를 했다. 빛을 타고 여행하는 자신의 모습을 생생하게 그리면서, 상상 속에서 실험을 하고 측정을 했다.

상식적으로 생각하면 아인슈타인은 실패해야 옳다. 실험실에 청춘을 저당 잡혔던 사람들이 성공해야 옳다. 하지만 역사는 정반대의 사실을 입증하고 있다. 실험실에서 죽도록 실험한 사람들이 아니라 집에서 편하게 VD를 한 아인슈타인이 성공한 것이다.

VD는 결코 배신하지 않는다

생생하게 꿈꾸면 이루어진다는 말은 비현실적이고 비상식적으로 들린다. 그래서 대부분의 사람들은 VD를 하지 않는다. 아마 당신도 VD를 하지 않을 것이다. 아니 해본 적이 거의 없을 것이다.

이쯤에서 냉정하게 생각해보기를 바란다. 사회에서 성공하는 사람들의 숫자가 그토록 적은 이유는 VD를 하는 사람이 그토록 적기 때문이 아닌가를! 또 이제껏 당신이 성공하지 못한 것은 당신의 인생에서 VD가 빠져 있었기 때문이 아닌가를!

이제는 꽤 알려진 제임스 네스멧 소령의 이야기로 들어가 보자.

제임스 네스멧 소령은 베트남전쟁에 참전했다가 포로가 되었다. 그는 장장 7년 동안 초등학생 한 명이 겨우 누울 수 있을 만한 독방에 갇혀 있었다. 그에게는 다른 죄수들과의 만남은커녕 대화와 운동조차 허락되지 않았다. 그가 할 수 있는 일은 둘 중 하나였다. 미쳐버리거나 상상의 나래를 펼치거나.

네스멧 소령은 후자를 선택했다. 그는 마음속에 골프장을 만들었다. 그리고 생생하게 꿈꾸었다. 골프채를 쥔 자신의 모습을, 골프장을 파릇하게 덮은 잔디를, 곳곳에 서 있는 나무들을, 그 나무 위를 오르락내리락 하는 다람쥐들을, 얼굴을 스치는 바람을, 하늘에 떠 있는 구름을, 함께 골프를 치는 사람들을……. 얼마나 생생하게 상상을 했던지 그는 골프복의 촉감과 잔디 냄새와 다람쥐들이 잽싸게 움직이는 소리까지도 느끼고, 맡고, 들을 수 있었다고 한다. 제임스 네스멧 소령은 매일 4시간씩 상상의 18홀을 돌았다.

7년 뒤 기적처럼 자유의 몸이 된 네스멧 소령이 골프채를 손에 쥐었다. 그리고 현실의 18홀을 돌았다. 놀랍게도 그는 첫 게임에서 70타를 쳐냈다. 7년 전과 비교했을 때 그의 골프 실력은 무려 20타나 향상돼 있었다.[13]

제임스 네스멧 소령이 해냈다면 당신도 할 수 있다. 오늘부터 성공한 자신의 모습을 매일 생생하게 그린다면 실제로도 성공할 수 있다. 이런 말하기 대단히 조심스럽지만, 전혀 노력하지 않고도 얼마든지 성공의 기회를 붙잡을 수 있다.

오나시스와 스필버그가 해운업계와 영화계로부터 철저하게 소외되어 있었다는 것을 생각해보라. 오나시스는 담배 장수였고, 스필버그는 아무도 써주지 않는 영화감독 지망생이었다. 그리고 당시의 해운업계와 영화계를 생각해보라. 유명한 선박회사와 영화사에서 매일 몸이 부서져라 일했던 유능한 인재들을 생각해보라. 상식적으로 생각하면 후자의 사람들이 성공해야 옳다. 하지만 실제로 성공한 사람은 오나시스와 스필버그다.

당신의 인생을 한번 돌아보라. 성공을 꿈꾸며 나름대로 열심히 노력했지만 좋은 기회를 번번이 다른 사람에게 빼앗긴 적은 없었는가? 별다른 노력도 하지 않는 것 같은 경쟁자에게 의외의 패배를 당한 적은 없었는가? '이번만큼은 정말 잘될 거야'라고 생각하고 모든 희망을 걸었지만 마지막 순간에 수포로 돌아간 적은 없었는가?

어쩌면 당신에게 실패의 쓴맛을 안겨주었던 사람은 아무도 모르게 R=VD 공식을 실천했던 사람일 수도 있다. 어쩌면 당신이 결정적인 순간에 실패했던 것은 성공의 '기氣'라고 부를 수 있는 VD가 빠졌기 때문일 수도 있다.

실제적인 행동을 취하지 않고도 VD 하나로 빛나는 성공을 거둔 사람들의 이야기는 만일 책으로 쓴다면 100권으로도 모자랄 것이다. 성공하고 싶다면 성공을 생생하게 꿈꾸어라. 그러면 운명처럼 기회가 찾아온다.

04

당신은 어떤 VD를 하고 있는가?

성공한 기업과 평범한 기업, 그리고 실패한 기업의 차이점은 무엇일까? 성공한 사람과 평범한 사람, 그리고 실패한 사람의 차이점은?

여러 가지가 있을 것이다. 하지만 가장 결정적인 차이점을 말하라면, 나는 R=VD 공식을 어떻게 대하느냐에 달려 있다고 말하고 싶다.

성공한 조직과 성공한 사람들에게는 다음과 같은 공통점이 있다.

❶ R=VD 공식을 치열하게 실천해서 성공한다.

❷ 성공을 거둔 뒤 전문가에게 막대한 비용을 지불하고 전문적인 VD 훈련을 받는다.

❸ 계속적으로 성공을 거둔다.

설립 초기부터 강렬한 성공 VD를 해서 성공하고, 《포춘》지 선정 세계 500대 그룹 안에 든 기업들은 정기적으로 VD 전문가를 초빙해서 1회에 수천만 원 혹은 1억 원이 넘는 돈을 지불해가며 완벽하게 VD하는 법을 배운다. IBM, 아메리칸 익스프레스, AT&T 전기회사, 캠벨수프, 도미노피자, 선키스트, 존슨 앤 존슨, 제너럴 일렉트릭 등이 대표적이다.

빌 클린턴, 조지 부시 같은 미국 전·현직 대통령들, 힐러리 로댐 같은 미국 상·하원 의원들, 세계최고경영자협회 회원들, 세계 각국의 올림픽 대표선수단, 안드레 애거시나 그렉 노먼 같은 최정상급 운동선수들, 톰 크루즈나 짐 캐리 같은 유명 배우들, 바네사 메이 같은 세계적인 연주자들, 앨범을 낼 때마다 빌보드 차트 1위를 기록하는 가수들, 미국의 육해공군 장성들 역시 마찬가지다. 적게는 수천만 원에서 많게는 수억 원까지 지불해가며 성공 VD 전문가로부터 체계적인 VD 교육을 받는다.

이들은 분명하게 알고 있다. 성공 VD가 자신들의 성공에 결정적인 역할을 했고, 현재에도 자신들을 성공시키고 있으며, 미래에도 역시 성공시킬 것임을!

평범한 조직과 평범한 사람들에게는 다음과 같은 공통점이 있다.

> ❶ R=VD 공식을 믿지 않는다.
>
> ❷ 전문가에게 돈을 지불하고 성공 VD 훈련을 받아야 한다는 소리를 미친 소리쯤으로 취급한다.
>
> ❸ 힘들게 일하지만 계속 평범한 현 상태를 유지하는 수준에서 그친다.

이들의 대표적인 사례는? 먼 곳에서 찾지 마라. 당신 옆에 있을 것이다. 그것도 아주 많이. 아니 어쩌면 당신 자신이 속한 조직일 수도 있고, 당신 자신일 수도 있다. 이들은 일의 양이 아니라 VD의 양이 자신을 성공으로 인도하는 결정적인 요인이라는 사실을 이해하지 못한다. 그래서 이들은 성공하기 위해 더 많이 일하는 것을 택한다. 물론 그렇게 하면 사정이 조금 나아질 수는 있다. 하지만 화려한 성공은 절대로 맛보지 못한다. 반짝 성공했다가도 도로 제자리로 돌아온다. 결과적으로 보면, 이들은 언제나 평범하게 살아간다.

실패한 조직과 실패한 사람들에게는 다음과 같은 공통점이 있다.

❶ 의식적으로나 무의식적으로 부정적인 VD를 하는 능력이 탁월하다.

❷ 현실이 VD대로 전개되고, 좌절한 그들은 강렬한 실패 VD를 하기 시작한다.

❸ 지속적인 실패를 맛보다가 마침내 재기불능 상태가 된다.

이들의 대표적인 사례는 누구일까? 붕괴 직전의 가정, 구조조정을 당할 위기에 처해 있는 사람, 사라질 운명에 처한 기업, 실직자, 파산자, 노숙자 등이다. 이들의 VD 능력은 성공 그룹의 VD 능력에 버금간다. 하지만 방향이 정반대다.

이들은 실패 VD를 하는 능력이 뛰어나다. 이들이 하는 일의 양이나 일에 쏟아 붓는 에너지의 양은 앞의 두 그룹과 별반 차이가 없다. 하지만 이들은 항상 실패한다. 외적인 면만 보자면 이들이 실패할 이유는 전혀 없다. 그래서 이들은 환경을 탓하고 세상을 원망한다. 이들은 자신을 실패로 몰아넣은 결정적인 존재가 자기 자신임을 모른다.

이제껏 당신은 어떤 그룹의 VD를 해왔는가? 성공한 그룹의 VD인가, 평범한 그룹의 VD인가, 아니면 실패한 그룹의 VD인가?

월트 디즈니의 성공 VD

월트 디즈니는 성공 욕구가 강한 사람이었다. 9세 때부터 새벽 3시에 일어나 신문을 배달했을 정도니 말 다했다. 10대 후반에는 학교를 다니면서 아르바이트를 두 개나 했다. 누가 시켜서 그런 것이 아니었다. 스스로 원해서 했다. 빨리 돈을 벌어서 만화영화사를 차리고 싶었기 때문이다. 하지만 당시의 디즈니는 성공하려면 무엇보다 먼저 성공 VD를 해야 한다는 사실을 알지 못했다.

평범한 사람들이 그러하듯이 디즈니 역시 열심히 일했다. 그리고 많은 돈을 모았다. 하지만 희망의 돛을 올리고 위풍당당하게 출발했던 '래프-오-그램 만화영화사'는 1년도 못 돼서 파선破船했고, 디즈니는 졸지에 실업자가 되고 말았다. 거래처로부터 사기를 당한 것이 원인이었다. 성공 VD를 했던 오나시스와 스필버그에게는 '귀인과의 만남'이 찾아왔던 반면, 성공 VD를 할 줄 몰랐던 월트 디즈니에게는 '악인과의 만남'이 찾아왔다는 사실을 깊이 생각해보라.

인류는 실패 VD를 마치 본능처럼 가지고 있다. 핵전쟁으로 파괴된 지구의 모습은 영화, 책 등을 통해 생생하게 표현할 수 있지만 모두가 평화롭게 사는 지상낙원의 모습은 표현할 능력이 없는 존재, 그게 바로 인류다. 개인적으로도 마찬가지다. 거대한 성공을 손에 쥔 자신의 모습은 잘 그리지 못하지만 실패해서 노숙자가 된 모습은 누구나 생생하게 그릴 수 있다.

실패 VD는 평상시에는 우리 안에 잠들어 있다가 실제로 실패를 겪게 되면 꿈틀하고 깨어나서 우리 내면을 지배한다. 한 번 실패한 사람이 계속 실패하게 되는 가장 근본적인 이유는 그 사람이 못나거나 때를 잘못 만나서가 아니다. 실패 VD로 더 큰 실패들을 지속적으로 불러들이기 때문이다.

월트 디즈니 또한 이 굴레를 벗어나지 못했다. 한 번 실패를 하자 자신감을 잃고 부정적인 VD를 하기 시작했고, 그 VD는 현실이 되었다.

디즈니의 실패 VD가 불러들인 대표적인 것들은 다음과 같다.

1. 뉴스 영화를 찍는 작은 영화사에 들어가 카메라맨이 되었지만 이내 해고되었다.
2. 월세를 못 내서 살던 집에서 쫓겨났다.
3. 밥 사 먹을 돈이 없어서 사람들이 먹다 버린 빵을 주워 먹었다.

하지만 다행스럽게도 디즈니는 약 2년 뒤에 할리우드로 갈 용기를 냈고, 실제로 할리우드에 입성했다. 아니 거지 같은 옷차림을 하고 할리우드에 도착했다.

월트 디즈니는 관찰을 잘하기로 유명한 사람이다. 다람쥐에 관한 기록영화인 〈페리〉를 찍을 때는 20여 명의 촬영팀과 함께 미국 유타 주 북부의 원시림에서 3년간 다람쥐만 관찰했을 정도다.[14] 디즈니는 그 뛰어난 관찰력으로 할리우드에서 성공한 감독, 배우, 제작자들을 관찰했다. 그리고 그들이 하나 같이 성공 VD를 하고 있으며, 전문가에게 돈을 지불해가면서 VD하는 법을 배우고 있다는 사실을 발견했다. 이후 디즈니의 인생은 성공 VD로 가득 채워진다.

다음은 디즈니의 성공 VD가 불러들인 대표적인 것들이다.

1. 생애 최초로 성공 VD를 하면서 만든 만화영화 〈이상한 나라의 앨리스〉 1~6편은 만들자마자 날개 돋친 듯 팔려나갔다. 7편에 이르러서는 인기가 떨어졌다는 이유로 제작 중지를 요청 받았지만 자신이 성공 VD를 하고 있기 때문에 반드시 성공할 것이라며 밀어붙여서 12편까지 제작했다. 그러자 인기가 다시 오르기 시작했고, 디즈니는 진정한 '흥행 감독'이 되었다.
2. 더욱 깊어진 성공 VD를 하면서 만든 영화 〈오스왈드〉 시리즈는 공전의 히트를 기록했다.
3. 〈미키마우스〉를 제작할 때는 직원들이 디즈니를 배반하고 다른 회사로 옮겨갔는가 하면 투자자들이 흥행성을 의심해 투자금을 거둬들였다. 하지만 디즈니는 밀어붙였고, 이 영

화는 그의 성공 VD대로 사상 초유의 흥행에 성공했다.

4. 〈미키마우스〉를 만들 때부터 디즈니는 아카데미상을 수상하는 것을 생생하게 꿈꾸었는데, 4년 후 현실이 되었다.
5. 애너하임에 디즈니랜드를 세울 때는 320곳의 은행과 투자회사로부터 "실현 가능성이 없다"는 이유로 투자를 거절 당했다. 하지만 디즈니는 그럴수록 더욱 생생하게 디즈니랜드를 꿈꾸었고, 결과는 우리가 아는 대로다.
6. 미국 플로리다의 애프콧 센터와 일본 디즈니랜드, 프랑스 디즈니랜드 역시 디즈니가 온 힘을 다해 VD했던 것이다. 이 건물들은 디즈니가 죽고 나서 몇 년 뒤에 건설됐다.

무명 시절의 월트 디즈니는 아침에 잠에서 깨면 두 눈을 지그시 감고 할리우드 최고의 영화감독이 된 자신의 모습을 생생하게 그렸다. 그러고는 관자놀이에 검지를 갖다 대고 큰 소리로 이렇게 외쳤다.

"내 상상력이 내 현실을 만들어낸다. 나는 할리우드 최고의 영화감독이다!"

훗날 자신의 VD대로 할리우드 최고의 감독이 되고 영화사까지 차리게 된 디즈니는 매일 아침 7시 30분이면 전 직원을 스튜디오에 모아놓고 다음 의식을 요구했다.[15]

1. 현재 찍고 있는 영화의 성공을 생생하게 꿈꾼다.

2. 관자놀이에 검지를 갖다 댄다.

3. 큰 소리로 "우리의 상상력이 우리의 현실을 만들어낸다. 우리가 만드는 영화는 세계 최고의 영화다!"라고 외친다.

월트 디즈니의 사례를 통해서 우리는 다음 사실을 배울 수 있다.

❶ 성공 VD 없이 열심히 일하기만 해도 성공할 수 있다. 하지만 그다음이 문제다. 전혀 예기치 않은 방향에서 실패가 들이닥칠 수 있다.

❷ 밑바닥까지 내려가도 성공 VD를 시작하면 희망이 있다. 기적 같은 성공을 불러들일 수 있다.

❸ '래프-오-그램 만화영화사'가 아니라 '월트 디즈니 영화사'가 걸어간 길을 가고 싶다면 지금부터 성공 VD를 시작해야 한다.

당신은 지금 어떻게 살고 있는가? 그리고 R=VD 공식을 어떻게 대하고 있는가?

만일 당신이 일만 많이 하고 있다면, 그 노력이 헛되지 않게 지금부터 성공을 VD하라. 눈부신 성공이 마치 선물처럼 주어질 것이다.

당신이 가슴 아픈 실패의 터널을 통과하고 있다면, 그대로 주

저앉지 말고 성공을 VD하라. 새로운 희망의 빛이 당신을 비출 것이다.

당신이 이미 성공했다면, 더 큰 성공을 VD하라. 어마어마한 성공들이 지속적으로 찾아들 것이다.

성공은 당신의 VD가 결정한다.

05

성공하고 싶다면 먼저 성공을 상상하라

R=VD 공식은 유럽에서 미국으로 전해졌다. 그리고 한국으로 건너왔다. 유럽에서 R=VD 공식을 거의 완벽에 가까울 정도로 구사한 사람이 있다. 나폴레옹이다.

알다시피 나폴레옹은 전술 전략의 천재다. 카이사르, 칭기즈칸에 버금가는 전쟁 영웅이다. 이 위대한 사람이 전쟁에 관해서 남긴 인상적인 말이 있다. “전쟁, 그것은 상상하는 것이다”라는 말이다.

나폴레옹은 성공의 천재이기도 했다. 일제강점기에 일본 사관학교에 입학한 조선인 청년이 일왕의 자리에 오르더니 대륙에 진출, 서구 열강을 물리치고 아시아를 통일한 뒤 아시아통일제국의 황제가 되었다고 가정해보라. 나폴레옹이 그런 성공을 거둔 인물이었다. 그는 프랑스 식민지 코르시카에서 태어나 프랑스의 황제가 되고, 유럽대륙의 황제들을 자신의 발밑에 꿇어앉게 만들었다.

나폴레옹이 성공에 대해 남긴 말이 있다. "성공하기 위해서는 먼저 성공을 상상해야 한다"는 말이다.

나폴레옹은 전쟁이 임박해지면 집무실에 틀어박혀서 전쟁을 상상했다. 나폴레옹 연구 권위자 중 한 사람인 막스 갈로의 표현에 따르면 전쟁을 '명상'했다. 나폴레옹은 상상 속에서 모의 전쟁을 치렀다. 먹지도 자지도 않은 채 며칠씩 계속되는 상상 속 전쟁은 나폴레옹의 군대가 완벽한 승리를 거둘 때 비로소 종료되었다.

나폴레옹은 식민지 출신이라 프랑스 정부의 지원을 거의 받지 못했다. 그의 군대는 물자와 무기는커녕 군복과 군화마저 지급이 변변찮아 '누더기 군단'이라 불릴 정도였다. 반면 그와 대치했던 유럽의 장군들은 국가의 막강한 지원을 등에 업고 있었다. 하지만 그들에게는 나폴레옹처럼 전쟁을 상상하는 능력이 없었다. 그래서 늘 나폴레옹에게 패배했다.

나폴레옹은 R=VD 공식을 고대 팔레스타인 지역에서 살았던 한 청년으로부터 배웠다. 목수의 아들로 태어난 그는 스스로를 하나님의 아들이라고 선언했다. 그러면서 자신이 길이요, 진리요, 생명이니, 자신을 믿어야 영생할 수 있다고 덧붙였다. 그렇게 그는 신약성서의 주인공이 되었다. 한편으로 그는 인간의 운명은 태어난 환경에 의해 결정된다는 지배계급의 말이 틀렸다고 하면서 사람은 믿는 대로 된다고, 즉 생생하게 꿈꾸는 대로 된다고 주장했다.

청년의 선언과 주장은 반역 행위에 준하는 것이었다. 그는 체포되었고 고문을 당했다. 하지만 그는 자신의 말을 바꾸지 않았다. 오히려 더욱 강력히 자신의 말이 '진리'라고 선포했다. 마침내 그는 비참하게 처형당했다.

그 사건이 있고 얼마 지나지 않아 그의 제자들이 나타나서 그가 생전에 했던 말들을 전파하기 시작했다. 놀랍게도 그들은 청년이 무덤에서 부활했으며, 그가 하나님의 아들이고 인류의 구원자라고 선포했다. 그런 과정 속에서 "사람은 믿는 대로 된다"는 말이 자연스럽게 세상에 전파되었다. 청년이 그랬던 것처럼 제자들 역시 전부 체포되었고 고문을 받았다. 하지만 그들 역시 누구 하나 자신의 말을 바꾸지 않았고, 그 대가로 참혹하게 처형당했다.

청년의 제자들이 전파한 말을 믿은 사람들이 있었다. 한두 명이 아니었다. 한 시대에 국한된 사람들이 아니었다. 그들은 몇 세대에 걸쳐서 지하 공동묘지에 숨어 살았다. 그 와중에 그들은 수시로 체포되었고, 잔인하게 살해되었다. 그러다가 마침내 로마 황제에 의해 믿음의 자유가 인정되자 세상에 나와서 자신들의 믿음을 온 유럽에 전파했다. 그렇게 그리스도교는 유럽의 새로운 종교가 되었다. 그리고 "사람은 믿는 대로 된다"는 R=VD 공식이 유럽에 공식적으로 등장하게 되었다.

이후 이 공식은 온 유럽에 전파되었고, 마침내는 이 공식을 통해 자신은 물론이고 세상을 새롭게 변화시키고자 하는 사람들이 나타났다. 그들은 우리가 알고 있는 유럽의 모든 것을 창조했고, 미국을 건설했다. 그중 한 사람이 바로 나폴레옹이다.

R=VD와 현대물리학의 공통점

앞에서 설명했듯이, R=VD 공식은 어떤 한가한 철학가나 문학가가 고단한 인생을 살고 있는 뭇 백성들의 마음을 위로해줄 요량으로 만들어낸, 말만 그럴싸한 성공 법칙이 아니다. 또 근대나 현대의 성공 철학자들이 제조해낸 숱한 성공 이론 중의 하나도 아니다.

어쩌면 1+1=2라든지 $E=mc^2$보다 더 신뢰할 수 있는 공식인데도 세상으로부터 그리 큰 대접을 받지 못했다. 아니 오히려 천대받은 감이 없지 않다. 사정은 지금도 마찬가지다. 가정에서 또는 직장에서 한번 말해보라.

"사람의 성공은 돈이나 학벌, 능력 같은 물질적인 것이 아니라 꿈꾸는 능력에 달려 있대."

아마도 그리 호의적인 반응을 얻지 못할 것이다. 철없는 사람으로 취급될 가능성이 다분히 높다. 심한 경우 "헛소리 좀 그만 해라"라는 말을 들을 수도 있다.

인류는 꿈의 힘을 부정하는 바이러스에라도 걸린 것일까? 어쨌든 R=VD 공식은 역사적으로 세상의 인정을 제대로 받지 못했다. 몽상가들, 비현실적이고 비과학적인 사람들에게나 어울리는 말쯤으로 취급당해 왔다. 그러다가 20세기에 들어서 뜻밖의 사람들에게 인정을 받게 되었다. 그들은 현대물리학의 총아라고 불리는 양자론과 상대성이론을 연구하는 사람들이었다.

양자물리학자들은 우주가 원자보다 작은 어떤 미세물질, 즉 양자들로 가득 차 있음을 발견했다. 그리고 이 양자들이 언제라도 물질로 전환할 태세를 갖추고 있음을 밝혀냈다. 또 이 양자들이 비물질적인 힘, 즉 에너지에 반응한다는 사실도 알게 되었다.

"인간이 무엇인가를 생생하게 꿈꾸면 그 에너지가 양자들에게 영향을 미치기 시작하고, 양자들은 서서히 물질의 형태로 변화하기 시작한다. 인간이 포기하지 않고 끝없이 꿈꾸면 마침내 양자들은 완벽한 형태의 물질로 전환되어 인간 앞에 나타난다."

이것이 현대물리학의 최고봉이라 불리는 양자물리학자들이 발견한 진실이다.

양자론과 더불어 현대물리학의 양대 산맥을 형성하고 있는 상대성이론 역시 같은 말을 하고 있다.

"에너지가 곧 물질이고 물질이 곧 에너지다."

이게 상대성이론의 핵심인데, 여기에 따르면 우리가 지금 꿈꾸고 있는 것은 곧 미래의 현실이고, 지금 우리가 처한 현실은 곧 우리가 과거에 꿈꾸었던 것이다. 조금 확대해석하자면 상대성이론은 R=VD 공식의 물리학 버전이라고 할 수 있다.

다음은 R=VD 공식을 인정한 대표적인 과학자들이다.

막스 플랑크 1918년 노벨물리학상 수상, 베르너 하이젠베르크 1932년 노벨물리학상 수상, 에르빈 슈뢰딩거 1933년 노벨물리학상 수상, 폴 디랙 1933년 노벨물리학상 수상, 볼프강 파울리 1945년 노벨물리학상 수상, 존 휠러 물리학자, 신조어 '블랙홀' 작명, 데이비드 봄 영국의 이론물리학자[16].

이런 경우를 가정해보자. 당신이 우연히 그림 한 점을 얻게 되었다. 그런데 아무래도 피카소의 미발표작인 것 같은 느낌이 들어서 루브르박물관에 감정을 의뢰했다. 루브르박물관장은 "피카소의 미발표 작품임을 보증합니다"라는 친필 보증서류를 보내왔다. 당신은 그 그림을 어떻게 대할 것인가? 그 그림을 지키고 관리하는 데 당신의 온 힘과 노력을 집중하지 않겠는가? 피카소의

'피'자만 들려도 자다가도 벌떡 일어나서 그림이 제대로 있는지 확인하지 않겠는가?

'사람은 그가 꿈꾸는 대로 된다'라는 R=VD 공식은 양자론과 상대성이론이라는 현대물리학의 양대 산맥으로부터 그 진실성을 확증 받은 지극히 과학적인 공식이다.

만일 당신이 이 공식의 효력을 믿지 않는다면 당신은 잘못하고 있는 것이다. 만일 당신이 이 공식을 실천하지 않는다면 그것은 당신이 자신도 모르게 실패를 향해 걸어가고 있다는 뜻이다. 하지만 만일 당신이 이 공식의 효력을 믿는다면 당신은 잘하고 있는 것이다. 만일 당신이 이 공식을 실천하기로 마음먹었다면 그것은 이제 당신이 성공의 길로 들어섰음을 의미한다.

무엇을 선택하든 그것은 당신의 자유다.

06

R=VD 공식의 증거자들

세상에서 가장 믿기 어려운 것이 인간의 말이다. 인간은 지구상에서 거짓말을 하는 유일한 존재이기 때문이다. 한편으로 세상에서 가장 믿을 수 있는 것 역시 인간의 말이다. 인간은 지구상에서 목숨을 걸고 진실을 말하는 유일한 존재이기 때문이다.

'어떤 사람의 말을 믿을 수 있는가?'라는 질문에는 각자의 입장에 따라서 수천수만 가지의 답변이 있을 것이다. 하지만 세상 누구라도 다음 기준을 충족한 사람들의 말은 신뢰할 수 있다는 것에 이의를 제기할 수는 없을 것이다.

1. 꿈을 이루는 원리를 탐구하기 위해 화려한 성공을 보장해준

직업을 버린 사람. 그리고 실제로 10년 넘게 정진해서 그 원리를 발견하고 그것을 무상으로 세상에 나누고 죽은 사람.
2. 40여 년에 걸쳐 3천만 명 이상의 사람들에 의해 시험된 결과 "당신이 하는 말은 옳다"라고 인정을 받은 사람.
3. "내 말에 이의가 있는 사람은 언제든 연락하시오"라며 전 세계인을 대상으로 자신의 주소와 홈페이지를 공개한 사람.
4. 자신의 신념을 30여 년간 실천해서 놀라운 결과를 얻고, 그 신념을 세계 20개국 100만여 명의 사람들에게 직접 가르쳐서 그들로 하여금 놀라운 결과를 얻게 만든 사람.

이 사람들은 누구이고, 이들이 무슨 말을 했는지 알아보자.

제임스 알렌은 1864년 영국에서 태어났다. 그는 1902년에 돌연 성공한 경영 컨설턴트의 삶을 버리고 영국 남부 해안가의 작은 마을로 들어갔다. 거기서 그는 10여 년간 정진에 정진을 거듭해서 어떤 원리를 발견하고 그것을 책으로 써서 세상에 알렸다.

그의 책은 전 세계적으로 1천만 부 이상 팔렸다. 이것을 오늘날의 금전가치로 환산하면 약 100억 원이 넘는다. 하지만 그는 인세를 받지 않았다. 자신이 발견한 원리가 세상으로 퍼져나가는데 돈이 방해가 될 수 있다고 생각했기 때문이다.

그가 죽고 난 뒤 그의 책을 연구하는 사람들이 생겨났다. 그들은 제임스 알렌이 발견한 삶의 원리를 한 문장으로 요약했다. "사람은 그가 상상하는 대로 된다"는 것이었다.[17]

맥스웰 몰츠는 미국의 성형외과 의사였다. 그는 환자들을 치료하다가 이상한 현상을 발견했다. 환자들은 믿음에 따라서 인격도 변하고 인생도 변했다. 흥미를 느낀 그는 수십 년에 걸쳐 이 현상을 연구했다. 그리고 마침내 60세가 되어 다음의 연구 결과를 세상에 발표했다.

"지금 당신이 성공한 인생을 살고 있지 못하는 까닭은 당신이 성공을 믿지 않았기 때문이다. 하루 30분씩 마음속으로 이미 성공한 자신의 모습을 생생하게 그려라. 그러면 진짜로 성공한다."

맥스웰 몰츠의 메시지는 이제껏 40여 년에 걸쳐서 3천만 명이 넘는 사람들에 의해 실험되었다. 그 결과 몰츠의 말을 따라 대성공을 거두고 그의 제자가 되어 '맥스웰 몰츠 전도사'가 된 사람은 셀 수 없이 많이 나왔지만, 효과를 전혀 보지 못했다는 사람은 거의 없었다.

댄 케네디는 말더듬이였다. 어느 날 그는 맥스웰 몰츠 박사의 이론을 접하게 되었다. 그리고 그것을 자신의 삶에 적용했다. 그는 오늘날 1회 강연에 1억 원이 넘는 강사료를 받는다고 한다. 말더듬이가 말을 유창하게 하는 자신의 모습을 생생하게 그린 결과 세계적인 강연가로 탈바꿈한 것이다.

댄 케네디가 강연하는 내용은 주로 R=VD 공식(맥스웰 몰츠의 표현에 따르면 사이코사이버네틱스)에 관한 것이다. 그의 팩스와 주소 및 홈페이지는 전 세계에 공개되어 있다(궁금한 사람은 《성공의 법칙》이라는 책 32쪽을 참고하라). 그는 사이코사이버네틱스에 궁금증이나 이의가 있는 사람은 언제든지 문의하라고 말하고 있다.

잭 캔필드는 대학 시절 내내 깡통에 든 싸구려 토마토 페이스트를 얹은 국수를 주식으로 먹고 살았다. 집이 경제적으로 최하층에 속했고 그 자신도 돈을 벌 능력이 없었기 때문이다. 하지만 그는 그렇게 인생을 끝내고 싶지 않았다. 그래서 성공한 사람들을 연구하기 시작했고, R=VD 공식을 알게 되었다. 그는 30년 넘게 그것을 실천했다. 그리고 다음과 같은 결과를 얻었다.

1. 8천만 명이 넘는 독자를 가진 세계적인 베스트셀러 작가가 되었다.
2. 〈오프라 윈프리 쇼〉를 비롯한 각종 텔레비전 프로그램의 단골 출연자가 되었다.
3. 《포춘》지 선정 세계 500대 그룹의 빗발치는 강연 요청을 받는 인기 강사가 되었다.

잭 캔필드는 R=VD 공식을 사람들에게 가르치고 있다. 그는 지금까지 미국 50개 주와 세계 20개국에서 100만 명이 넘는 사람들을 대상으로 R=VD 공식을 체계적으로 가르쳤다. 결과는 다음과 같다.

1. 그의 제자들 중에서 자수성가한 백만장자가 셀 수 없이 많이 나왔다.
2. 자신이 다니고 있는 회사의 판매기록을 경신한 사람이 셀 수 없이 많이 나왔다.
3. 평사원에서 최고경영자가 된 사람이 무수히 나왔다.
4. 스타 배우, 스타 가수, 스타 스포츠 선수가 많이 나왔다.
5. 베스트셀러 작가가 많이 나왔다.
6. 선거에 압승해서 정치계로 입문한 사람이 많이 나왔다.

한마디로 잭 캔필드로부터 R=VD 교육을 제대로 받은 사람들은 전부 놀라운 성공을 거두었다. 참고로 덧붙이면 잭 캔필드의 R=VD 교육 성공 사례는 미국의 각종 텔레비전 프로그램을 통해서 여러 번 방영되었다.[18]

07

잠자는 미래 기억을 깨워라

당신의 뇌 깊숙한 곳에는 RAS[Reticular Activating System, 세망신경계 또는 조직 활성화 체계라고 한다]가 있다. RAS는 주의력과 집중력을 관장하는 신경전달물질인 도파민과 노르에피네프린을 분비해서 뇌로 하여금 학습, 자기통제, 동기부여 등을 하게 한다. RAS가 제 기능을 발휘하지 못하면 어떻게 될까? 정신장애의 일종인 ADHD[주의력 결핍 및 과잉행동장애]를 앓게 된다.

한편 RAS는 뇌 속에서 특수한 기능을 수행한다. 1초에 약 1억 개씩 밀려드는 신경 펄스를 초고속으로 분류해서 중요한 것은 저장하고 하찮은 것은 삭제한다. 그렇게 RAS는 뇌의 정보혼란 또는 정보과잉 상태를 막고, 뇌로 하여금 중요한 정보에 초점을 맞추게 한다.

뇌 전문의들에 따르면 인류의 RAS는 부정적인 방향으로 진화해 왔다. 그도 그럴 것이 인류는 원시시대에는 맹수나 천재지변 등으로 인해, 문명이 시작된 이래로는 끊이지 않는 전쟁으로 인해 인류 역사를 100으로 볼 때, 전쟁이 없었던 시기는 고작 8에 불과하다고 한다 항상 생명의 위협을 받았고, 그 결과 두뇌의 초점이 오로지 생존에 맞춰졌기 때문이다.

위험지대에서 살아남기 위해서는 절대적으로 '의심'과 '부정'이 필요하다. 어디서 바스락거리는 소리만 들려도 일단은 맹수가 아닐까 의심해야 하고, 모르는 사람은 무조건 적으로 간주해야 한다. 긴장을 늦추거나 사람을 믿으면 곤란하다. 그렇게 살다가는 짐승의 먹이가 되거나 살해되기 십상이다.

원시시대나 전시戰時에는 이렇게 사는 게 옳았다. 하지만 현대는 다르다. RAS가 긍정적인 정보에 초점을 맞춰야 생존할 수 있고 번영할 수 있다. 고객을 적으로 간주하는 기업을 생각해보라. 이런 기업이 살아남을 수 있겠는가? 오늘날에는 의도적으로 클레임을 거는 고객마저 사랑으로 감싸안아 감동시키는 자세가 필요하다. 이런 마음으로 똘똘 뭉친 기업만이 살아남고, 성장한다. 쉽게 말해서, 우리는 RAS의 초점이 '믿음'과 '긍정'에 맞춰진 조직과 개인만이 생존하고 번영할 수 있는 시대를 살고 있다.

그런데 안타깝게도 우리 대부분은 원시시대의 RAS를 갖고 있다. 예를 들어, 우리는 직장 상사가 이유 없이 호출하면, '내가 무슨 잘못을 저지른 게 아닐까' 하고 걱정부터 하고 본다. '내게 큰 칭찬을 해줄 거야', '내게 멋진 프로젝트를 제안할 거야' 하고 긍정적으로 생각하는 경우는 거의 없다.

뇌 전문의와 심리학자들은 말한다. RAS의 초점이 부정적인 정보에 맞춰진 사람은 성공할 가능성은커녕 생존조차 힘들다고. 만일 현대사회에서 성공하고 싶다면, 실제와 상상을 구분하지 못하는 뇌의 특성을 이용하여 RAS를 긍정적인 정보에 초점을 맞추는 시스템으로 변화시켜 나가라고 말이다.

하버드대학교의 VD 실험

RAS를 변화시키기 위해서는 먼저 상상과 실제를 구분하지 못하는 뇌의 특성부터 이해해야 한다.

입 속에 방금 자른 레몬 한 조각이 들어 있다고 상상해보라. 그것을 힘껏 깨물어보라. 정상인이라면 입 속에 침이 고인다. 왜 이런 현상이 일어날까? 상상과 현실을 구분하는 능력이 없는 뇌가 실제로 신맛을 느끼고, 침을 내보내라는 지시를 내렸기 때문이다.

뇌가 상상과 현실을 구분하는 능력이 없음을 적나라하게 보여주는 한 예가 최면이다. 사람을 최면 상태에 빠지게 한 뒤, 고드

름을 몸에 갖다 대면서 시뻘겋게 달아오른 쇠꼬챙이라고 말하면 접촉된 부위에 물집이 잡힌다. 뇌가 최면 상태의 상상을 현실로 인지하고, 피부를 화상으로부터 보호하기 위해서 물집을 만들라는 명령을 내리기 때문이다.

다중인격장애를 가지고 있는 사람들은 상상과 현실을 구분하지 못하는 뇌의 모습을 극단적으로 보여준다. 다중인격장애를 앓고 있지만 신체 상태는 정상인 여자 환자가 자신을 당뇨병을 앓고 있는 남자로 상상하면 어떤 일이 벌어질까? 목소리와 행동거지가 남자처럼 변하고, 정상이던 혈당수치가 순식간에 당뇨병 환자 수준으로 올라간다. 역시 뇌가 상상을 현실로 받아들이기 때문에 나타나는 현상이다.

뇌의 이 특성을 이용해 매일 30분씩 시간을 내어 성공한 자신의 모습을 상상하면 어떤 일이 벌어질까? 뇌는 당신이 실제로 성공했다고 믿게 된다. 그 결과 RAS로 하여금 '성공'과 관련된 정보를 가장 중요한 것으로 취급해서 뇌로 올려 보내도록 명령한다. 그리고 '실패'와 관련된 정보는 들어오는 즉시 삭제해버릴 것을 명령한다.

성공에 관한 정보는 어떤 것들일까? 자신감, 카리스마, 실천력, 행동력, 결단력, 리더십 등이다. 즉 당신이 R=VD 공식을 지속적으로 실천하면, 리더의 사고방식과 리더의 행동력을 저절로 갖추게 된다.

하버드대학교의 연구 결과는 VD가 RAS를 얼마나 효과적으로 활성화시키는가를 잘 보여준다. 연구진은 동일한 지적 수준의 피험자들을 두 그룹으로 나눈 뒤 과제를 주면서 다음과 같이 주문했다.

A그룹 : 과제를 성공적으로 수행한 자신의 모습을 생생하게 그린 뒤, 과제를 한다.

B그룹 : 그냥 과제를 한다.

결과가 어떻게 나왔을까?

A그룹의 과제수행 능력이 100%의 정확도를 보였던 반면, B그룹은 55%의 정확도밖에 보이지 못했다.

당신은 어떤 사람인가?

혹시 회사에서 상사가 시키는 일도 제대로 하지 못해서 쩔쩔매는 사람인가? 그렇다면 오늘부터 매일 시간을 내서 회사를 주름잡는 당신의 모습을 생생하게 그려라. 그러면 RAS가 뇌의 초점을 리더십과 탁월한 업무 능력에 맞추고, 당신은 의식하지 못하는 사이에 카리스마적 리더십을 가지고 목표를 향해 사자처럼 돌진하는 인물로 변화할 것이다.

당신의 꿈은 무엇인가?

혹시 수년 내에 10억 원을 벌어서 자선사업을 하는 것인가? 그렇다면 지금부터 매일 시간을 내서 10억 원으로 자선사업을 하는 당신의 모습을 생생하게 꿈꿔라. 그러면 RAS가 뇌의 초점을 10억 원과 자선사업에 맞추게 되고, 당신은 10억 원을 벌 수 있는 기회―RAS가 활성화되기 전에는 코앞에 두고도 그냥 지나치곤 했던―를 잡게 된다. 자선사업을 할 수 있는 능력 역시 마찬가지다. 당신은 10억 원을 자선사업에 투입할 수 있는 용기와 결단력을 갖추게 된다.

마음을 사로잡고 싶은 사람이 있는가?

매일 시간을 따로 내서 두 눈을 감고 그 사람의 마음을 사로잡는 당신의 모습을 생생하게 그려라. 그러면 RAS가 활성화되어 당신도 모르게 그 사람이 한눈에 빠져들 만한 매력과 분위기를 발산하게 된다. 오래지 않아 당신이 꿈꾸는 그 사람이 당신을 더 간절히 원하게 될 것이다.

미래 기억과 R=VD

조지워싱턴대학교 의대 신경과 교수이자 〈내셔널지오그래픽〉 자문위원인 리처드 레스텍 박사는 12권에 이르는 두뇌 관련 저서를 펴냈을 정도로 이 분야의 전문가다. 박사의 말에 따르면, 전두엽에는 미래 기억Future Memory을 담당하는 부위가 있다. 이 부위는 말 그대로 두뇌로 하여금 미래를 기억하게 한다.[19]

과거가 아니라 미래를 기억한다니, 이 무슨 소리인가 할 수도 있겠다. 하지만 아인슈타인이나 스티븐 호킹 같은 물리학자에 의해 밝혀졌다시피 시간은 꼭 미래로 흐르지 않는다. 시간은 얼마든지 과거로 흐를 수 있다.

현대과학이 밝혀낸 두뇌의 능력은 전체의 10%도 되지 않는다. 나머지 90%는 무의식이라는 이름을 붙여놓고 손도 대지 못하고 있다. 뇌 의학계와 물리학계가 발견한 사실에 따르면, 우리의 무의식은 우리의 미래를 알고 있다. 그리고 그 미래를 기억으로 전환시켜서 전두엽에 저장해두고 있다.

성공학에서는 이를 두고 '성공을 향해 내려간다'라고 표현한다. 성공에 대한 열망은 전두엽이 미래 기억을 통해서 이미 성공한 자신의 모습을 보았기 때문에 생겨난다. 즉 미래의 어느 시점에 반드시 성공해 있는 사람만이 성공의 꿈을 갖는다. 따라서 성공을 향해 올라간다는 표현은 적당하지 않다. '올라간다'라는 표현은 '분투한다', '발버둥친다' 등의 의미를 포함하고 있는데, 그것은 이미 결정된 사실을 확인한 사람이 취할 태도가 아니기 때문이다. 성공이 이미 결정되어 있음을 분명하게 알고 있는 사람은 하루하루를 발버둥치면서 보낼 수 없다. 그는 아주 편안하고 행복한 마음으로 하루를 보낼 것이다. 자신이 성공한다는 것이 기정사실임을 잘 알고 있기 때문이다. 따라서 '성공을 향해 올라간다'라는 표현 대신 '성공을 향해 내려간다'는 표현을 쓰는 게 옳다.

《불가능은 없다》라는 책을 써서 세계적인 명성을 얻은 로버트 슐러는 이 사실에 기초해서, 성공의 꿈을 가지고 있으면서도 행동하기를 망설이는 사람들에게 다음 질문을 던진 것으로 유명하다.

"만일 당신이 성공한다는 것을 확실하게 안다면, 지금 무엇을 하겠는가?"

미래 기억이 현실이 되려면 미래 기억을 담당하는 부위가 활성화되어야 한다. 이 부위가 활성화되면 다음과 같은 일이 벌어진다.

1. 두뇌가 미래 기억을 진정한 현실로 받아들인다.
2. 두뇌가 미래 기억과 실제 현실 사이의 간격을 인식한다.
3. 두뇌가 미래 기억과 실제 현실 사이의 간격을 수정이 필요한 오류로 인식한다.
4. 두뇌가 오류를 수정하기 위해서 무의식의 힘을 사용하기 시작한다.
5. 두뇌의 주인에게 미래 기억을 현실로 만들 수 있는 능력이

생겨나기 시작한다. 불굴의 의지력이나 차원이 다른 지혜 같은 내적인 능력 말이다.

6. 미래 기억과 실제 현실 사이의 간격이 점점 메워진다.
7. 미래 기억이 실제 현실이 된다.

미래 기억을 담당하는 부위를 활성화하는 방법은, R=VD 공식을 실천하는 것이 유일하다. 리처드 레스텍 박사, 다니엘 G. 에이멘 박사, 하루야마 시게오 박사 같은 세계적인 뇌 의학자들의 공통적인 의견에 따르면 그렇다.

우리 모두의 마음속에는 자신이 되고픈 어떤 사람의 모습이 들어 있다. 만일 우리가 그 사람을 매일 생생하게 꿈꾼다면 두뇌 속에서 어떤 일이 벌어질까? 전두엽의 미래 기억을 담당하는 부위가 강력하게 활성화되면서, 꿈의 전기신호를 무의식의 세계로 자극적으로 쏘아댄다. '지금 내가 보내는 전기신호 안에 네 주인의 진정한 모습이 들어 있으니 어서 빨리 그걸 이루라'고 말이다. 그러면 무의식은 기지개를 펴고 활동하기 시작한다. 이 과정이 매일 반복되면 어떤 일이 일어날까? 자신도 모르는 사이에 꿈을 현실로 만들 수 있는 능력을 갖게 된다.

하지만 무엇도 꿈꾸지 않는다면 미래 기억을 담당하는 부위는 정지 상태로 머물게 되고, 이 역시 전기신호로 전환되어 무의식의 세계로 보내진다. '네 주인에게는 특별히 바라는 게 아무것도 없으니 여태까지 그랬던 것처럼 잠들어 있으라'는. 이 과정이 매일 반복되면 어떤 일이 벌어질까? 아주 평범한 삶을 살게 된다.

당신 자신을 한번 돌아보라. 지금 당신은 무의식에게 어떤 전기신호를 보내고 있는가?

Part 2

생생하게 꿈꾸면 이루어진다

가장 중요한 것은,

원하는 것을 얻은 자신의 모습을

생생하게 그리는 것이다.

01

세계 최고의 부자들이 전하는 부의 비결

이런 가정을 해보자. 당신의 소중한 친구가 중병에 걸렸다. 그리고 당신에게 다음 네 명의 의사 중 한 명을 선택할 권리가 주어졌다.

1. 시내 최고의 전문의
2. 도내 최고의 전문의
3. 한국 최고의 전문의
4. 세계 최고의 전문의

당신은 넷 중 누구를 선택하겠는가?

여기서 또 하나의 가정을 해보자. 당신에게 또 하나의 선택권이 주어졌다. 이번에는 두 의사 중 한 명을 고를 수 있다. 둘 다 세계 최고의 실력을 가졌다.

첫 번째 의사는 수술기계 같은 사람이다. 그에게 실력은 있지만 사랑은 없다. 돈이 없는 환자는 쳐다보지도 않는다. 그는 오직 거액을 지불하는 환자만 치료한다.

두 번째 의사는 성자 같은 사람이다. 그에겐 실력과 사랑이 있다. 돈에는 관심이 없다. 가난한 사람은 무료로 치료해주고 심지어는 생활비를 보조해주기까지 한다. 그는 21세기의 슈바이처라고 불리는 사람이다.

당신은 둘 중 누구에게 친구를 맡기겠는가?

다시 이런 가정을 해보자. 당신의 소중한 친구가 부자가 되고 싶어 하고, 당신은 그에게 다음 네 명 중 한 명을 소개해줄 수 있다. 당신은 누구를 소개해주겠는가?

1. 시내 최고의 부자
2. 도내 최고의 부자
3. 한국 최고의 부자
4. 세계 최고의 부자

아마도 당연히 세계 최고의 부자를 소개해줄 것이다. 자, 그러면 이번에도 또 다른 가정을 해보자. 당신은 그에게 세계 최고의 부자 두 사람 중 한 명을 스승으로 소개해줄 수 있다.

첫 번째 부자는 돈 버는 기계 같은 사람이다. 그는 오직 자기 자신을 위해서 돈을 번다. 그리고 오직 자기 자신만을 위해서 돈을 쓴다.

두 번째 부자는 부를 예술의 경지로 승화시킨 사람이다. 그는 사람들을 행복하게 만들어주고 싶어서 돈을 번다. 그는 세계 최고의 기부자요, 재산환원가다.

당신은 둘 중 누구를 소개해주겠는가?

어떤 부자를 멘토로 삼을 것인가?

세상엔 부자들이 넘쳐난다. 그리고 그들이 말하는 부자 되는 방법도 넘쳐나고 있다. 아마 이 글을 읽는 당신도 부자로 만들어주는 방법이 담긴 책을 한 권쯤은 읽어보았을 것이다.

그런데 안타깝게도 시중에 흘러넘치는 부자 되는 정보란 기껏해야 10억 원 정도나 번, 진짜 부자세계에서는 가난뱅이에 속하는 사람들이 제공하는 것이다.

진짜 부자가 되고 싶다면 최고의 부자가 알려주는 방법을 배워야 한다. 고작 10억 원, 100억 원 수준의 부자가 하는 이야기를 들어서는 안 된다. 조 단위, 경 단위의 부를 쌓은 사람들이 말하는 돈 버는 방법을 배워야 한다.

"태양을 향해 던지는 창이 가장 높이 올라간다"는 말이 있다. 부자가 되는 것도 마찬가지다. 세계적인 부자들의 방법을 따라 해야 진짜 큰 부자가 될 수 있다. 10억 원, 100억 원을 번 사람들의 방법을 따라하면 잘해야 1억 원이나 2, 3억 원 정도밖에는 벌지 못한다.

하지만 아무리 세계 최고의 부자라고 해도 그는 본질적으로 가난뱅이일 수 있다. 만일 그가 마음으로 돈을 이긴 사람이 아니라 돈의 노예라면, 그는 본질적으로 최하층 빈민과 다를 바 없다.

진정한 부자가 되는 방법은 오직 다음과 같은 사람을 통해서만 배울 수 있다.

> ❶ 밑바닥부터 시작해서 세계 최고의 부를 모은 사람.
>
> ❷ 돈보다 인간을 존중하는 삶을 산 사람.
>
> ❸ 주변의 평범한 사람들에게 부자가 되는 방법을 가르쳐서 모두 억만장자 이상의 부자로 만들어준 사람.
>
> ❹ 자신이 쌓은 부를 아낌없이 사회에 환원하고 떠난 사람.

이런 부자가 과연 있을까? 우리나라에는 강철 왕으로 소개된, 그러나 세계적으로는 자선 왕으로 알려진 앤드류 카네기가 바로 그런 부자다. 한마디로 앤드류 카네기가 말하는 부자 되는 방법은 신뢰할 수 있다.

앤드류 카네기는 인류 역사상 세 손가락 안에 드는 부자로 알려져 있다. 하지만 그의 시작은 초라했다. 그의 첫 출근지는 면직물 공장이었다. 그는 하루 종일 얼레를 잡고 실을 감는 일을 하면서 주급으로 1달러 20센트를 받았다. 그 일이 얼마나 고통스러웠던지 매일 밤 자다가 소리를 지르면서 깨어날 정도였다. 그 고통의 굴레를 벗어날 수 있는 방법은 하나였다. 부자가 되는 것이었다. 카네기는 열정적으로 부를 꿈꾸기 시작했다.

알다시피 미국은 영국에서 시작된 성공학이 화려하게 꽃을 피운 국가다. 지금도 그렇지만 앤드류 카네기 시절에도 미국인들은 마음만 먹으면 누구나 성공학 서적을 접할 수 있었다.

소년 카네기는 독서광이었다. 그 힘든 공장 일을 하면서도 매일 따로 시간을 내서 책을 읽었고, 공장이 쉬는 날이면 아침부터 도서관으로 달려갔을 정도였다. 모든 성공학 서적에는 R=VD 공식이 적혀 있다. 성공학 서적의 열혈 애독자였던 소년 카네기는 책을 통해 이 공식을 알게 되었다.

앤드류 카네기는 성공학 서적에서 배운 R=VD 공식을 자신만의 독특한 스타일—후일 앤드류 카네기의 '소망 달성을 위한 6가지 원칙'으로 세상에 공개된—로 발전시켰다. 이후 그는 손대는 사업마다 성공했고 세계 최고의 부자 중 한 명이 되었다. 하지만 "부자로 죽는 것은 가장 큰 수치다"라고 말하며 세상을 떠나기 전에 재산의 대부분을 교회와 사회에 기부했다.[20]

결론적으로 말해서, 우리는 앤드류 카네기라면 소중한 사람들에게 부의 멘토로 안심하고 소개해줄 수 있다.

앤드류 카네기의 부 멘토링

앤드류 카네기가 밝힌 '소망 달성을 위한 6가지 원칙'은 다음과 같다.

1. 원하는 돈의 액수를 명확하게 정한다.
2. 그 돈을 얻기 위해서 무엇을 할 것인가를 결정한다.
3. 그 돈이 내 손에 들어오는 날짜를 분명하게 정한다.
4. 그 돈을 벌기 위한 상세한 계획을 세우고 즉시 행동에 들어간다.
5. 위의 4가지 원칙을 종이에 적는다.
6. 종이에 적은 것을 매일 두 차례, 아침에 일어났을 때와 밤에 잠들기 전에 큰 소리로 읽는다.

가장 중요한 것은 원하는 금액의 돈을 원하는 날짜에 이미 얻은 자신의 모습을 생생하게 그리는 것이다.

조금 황당할 것이다. 나도 처음에 이 원칙을 접했을 때는 적잖이 당황스러웠다. 이건 완전 '코끼리를 냉장고에 집어넣는 방법'과 흡사하지 않은가.

❶ 코끼리를 구한다.		❶ 얻고 싶은 돈의 액수를 쓴다.
❷ 냉장고 문을 연다.	⟺	❷ 얻고 싶은 날짜를 쓴다.
❸ 코끼리를 넣는다.		❸ 종이에 적힌 것을 큰 소리로 읽는다.
❹ 냉장고 문을 닫는다.		❹ 돈이 생긴다.

이렇게 해서 부자가 될 수 있다면 누구나 다 부자가 되겠다고 비아냥거렸던 기억이 난다. 이 원칙을 최초로 접했던 스무 살 무렵, 그 철없던 시절에는 말이다.

앤드류 카네기 시대의 사람들도 나와 비슷한 심정이었나 보다. 카네기는 가난에 허덕이는 사람들이 부자가 되었으면 좋겠다는 선한 마음에 자신이 정립한 부자 되는 방법을 세상에 공개했다. 그러나 세상 사람들은 그것을 비웃고 신뢰하지 않았다. 20여 명의 사람들을 제외하고는.

주로 카네기의 친인척이었던 그들은 카네기의 원칙을 무시하지 않았다. 그들은 심히 진지하게 받아들였다. 아니 심히 진지하게 받아들일 수밖에 없었다. 그들은 카네기가 이 원칙을 하루도 빼놓지 않고 실천해서 마침내 세계 최고의 부자가 되는 과정을 바로 옆에서 지켜보았기 때문이다. 그들은 카네기의 원칙을 열성적으로 실천했고, 오래지 않아 모두 억만장자가 되었다.

사고思考가 부를 부른다

앤드류 카네기는 포기할 줄 모르는 사람이다. 그는 객관적인 방법으로 사람들을 설득하기로 마음을 먹었다. 그는 나폴레온 힐이라는 신문기자를 초대해서 다음과 같은 제안을 했다.

"미국에서 자수성가한 대표적인 부자들이 내가 실천한 원칙을 사용해서 성공하고 또 부자가 되었다는 사실을 밝혀주시오. 시간이 얼마가 걸리든, 비용이 얼마가 들든 상관없소."

나폴레온 힐은 이 제안을 받아들였다. 그리고 조사를 시작했다. 이 지독한 신문기자는 놀랍게도 미국의 자수성가한 성공자들을 대상으로 무려 20년 넘게 조사를 벌였다. 그리고 마침내 그 결과를 세상에 알렸다. 그중 부자가 되는 방법에 대해서만 말하겠다. 나폴레온 힐은 이렇게 결론지었다.

"사고思考라는 것은 하나의 물체다. 사람의 사고가 부富를 부른다."[21]

나폴레온 힐의 연구에 의해서 객관성을 검증받은 앤드류 카네기의 부자 되는 방법은 발표되자마자 미국 전역으로 들불처럼 퍼져나갔고, 셀 수 없이 많은 억만장자를 탄생시켰다. 이 성공론은 오늘날에도 그의 정신적 제자들에 의해서 미국 전역에서 학습되고 있으며, 대학에서도 정식 과목으로 채택되고 있다.

아직 성공학에 익숙하지 않은 우리나라 사람들에게는 나폴레온 힐의 이야기가 여전히 어색할 것이다. 심지어는 허황된 이야기처럼 들릴 것이다. 하지만 미국인들은 다르다. 그들은 풍부하고 객관적인 증거들을 통해서 나폴레온 힐의 성공학을 접한다. 그 진실성을 두 눈으로 직접 확인할 수 있으니 받아들이는 속도가 아주 빠르다. 실천하는 속도 역시 마찬가지다. 그렇게 그들은 빠르게 부자로 변화한다. 성공학의 관점에서 보면, 지금 이 순간에도 전 세계 부의 90% 이상이 미국으로 집중되고 있는 현상의 이면에는 나폴레온 힐의 부자 되는 방법이 있다.

나는 가끔씩 이런 생각을 해본다. 만일 우리나라에 앤드류 카네기와 나폴레온 힐 같은 사람이 있었다면 오늘날 미국의 자리를 우리나라가 대신하고 있을 거라고.

여담을 하나 덧붙이겠다. 앤드류 카네기가 공개하고 나폴레온 힐이 대중화한 앤드류 카네기의 '소망 달성을 위한 6가지 원칙'을 조금 특이하게 사용해서 자신의 꿈을 이루고 덤으로 억만장자까지 된 사람이 있다.

그의 직업은 비행기 조종사였다. 대형 여객기나 전투기 조종사를 상상하지 않기를 바란다. 그는 고물 비행기를 모는, 누구도 알아주지 않는 초라한 조종사였다. 아니 그 조종사 노릇도 얼마 하지 못했고, 그 후 수많은 밑바닥 직업을 전전했다.

그의 꿈은 작가였다. 그것도 세계적인 작가였다. 하지만 그의 작품을 받아주는 출판사는 단 한 곳도 없었다. 그래서 그는 동네 인쇄소에서 자비로 책을 만들어야 했다. 이후 그는 발이 부르트도록 서점을 찾아다니며 책을 진열했다. 하지만 어느 누구도 그의 책을 사지 않았다.

그러던 어느 날 그는 앤드류 카네기의 '소망 달성을 위한 6가지 원칙'을 알게 되었다. 그의 간절한 소망은 부자가 되는 것이 아니라 세계적인 작가가 되는 것이었기에 그는 종이에다 이렇게 썼다. "나의 작품이 전 세계에서 인정받는 날이 오고야 만다!" 그러고는 벽에다 붙여놓고 아침저녁으로 큰 소리로 읽으면서 세계적인 작가가 된 자신의 모습을 생생하게 그렸다.

그렇게 1년이 지나고, 3년이 지나고, 5년이 지나고, 8년이 지났다. 9년째 되던 어느 날이었다. 갑자기 그의 책이 캘리포니아 연안의 히피들을 중심으로 들불처럼 번져나가기 시작했다. 히피들은 마치 마약에 빠진 것처럼 그의 책에 빠져들었다. 마침내 그의 책은 〈뉴욕타임스〉 베스트셀러가 되었고, 세계 20개국으로 판권이 팔려나가 세계적인 베스트셀러가 되었다. 그의 이름은 리처드 버크, 책 제목은《갈매기의 꿈》이다.[22]

성공한 부자들의 남다른 상상력

평범한 부자들은 부자가 되는 방법으로 증권투자나 부동산투자 같은 물질적인 방법을 든다. 조금 수준 있는 부자들은 "부를 가져다주는 지식을 쌓으라"고 조언한다. 큰 부자들은 "사람의 마음을 알고 세상 돌아가는 이치를 파악하라"고 말한다.

세계 최고의 부자들은 뭐라고 말할까? 그들은 물론 앞의 세 가지가 부자 되는 방법임을 인정한다. 하지만 한 가지가 더 필요하다고 말한다. 바로 마음속에 세계 최고의 부자가 된 자신의 모습을 완벽하게 그리라는 것이다.

인류 역사상 세 손가락 안에 드는 부자, 현 시대의 세계 최고 부자, 세계 2위 부자, 아시아 최고 부자, 일본 최고 부자, 일본 최고액 개인 납세자초판 발행일 기준가 공통적으로 하는 이야기를 들어보자.

록펠러는 카네기와 함께 인류 역사상 세 손가락 안에 들어간다는 부자다. 하지만 그의 시작은 카네기 못지않게 초라했다. 록펠러는 한 작은 회사의 경리로 직장생활을 시작했는데, 일일 노동자가 받는 임금에도 훨씬 못 미치는 월급을 받았다. 하지만 그는 오래지 않아 몇 개의 사업체를 가진 사람이 되었고, 거부가 되었다.

록펠러 전기 작가들의 기록에 따르면, 최저 임금을 받으며 기약 없이 살던 청년 시절의 록펠러에게는 특이한 습관이 있었다고 한다. 그는 거의 매일 취한 사람처럼 보였는데, 술을 마셔서 그런 게 아니라 혼자만의 상상에 빠진 나머지 그렇게 보였다고 한다. 그 상상이란 무엇이었을까? 자신의 통장으로 돈이 물밀 듯이 입금되는 상상이었다고 한다.[23]

빌 게이츠는 세계 최고의 부자다. 알다시피 그는 컴퓨터 산업을 통해서 거대한 부를 쌓았다. 그렇다면 어떻게 해서 그의 컴퓨터 산업은 세계를 지배하게 되었을까? 이 질문에 빌 게이츠는 지난 십몇 년 동안 질리도록 답변했다.

"나는 십 대 시절부터 세계의 모든 가정에 컴퓨터가 한 대씩 설치되는 것을 상상했고, 또 반드시 그렇게 만들고야 말겠다고 외쳤다. 그게 시작이다."

워런 버핏은 세계 2위의 부자다. 그가 처음 주식투자에 뛰어들었을 때 그의 출자금은 고작 100달러에 불과했다. 하지만 3년 뒤 100만 달러를 벌었고, 10년 뒤에는 1천만 달러, 30년 뒤에는 14억 달러를 벌었다. 그 뒤로도 그의 자산은 수백 억 달러로 불어났다.

빌 게이츠가 세계 컴퓨터 시장을 지배하기 전까지 그는 세계 제일의 갑부였다. 워런 버핏은 한 잡지와의 인터뷰에서 세계 제일의 갑부가 될 수 있었던 비결을 이렇게 밝혔다.

"아주 어렸을 때부터 내 마음속에는 세계 제일의 부자가 된 나의 모습이 선명하게 자리 잡고 있었다. 나는 내가 거부가 되리라는 사실을 의심해본 적이 단 한순간도 없었다."

리자청은 아버지가 폐병으로 사망하자 중학교를 중퇴하고 찻집에 취직해서 차를 따르는 종업원으로 사회생활을 시작했다. 하지만 그는 현재 아시아 최고의 부자다. 그는 홍콩 상장기업의 4분의 1을 소유하고 있고, 전 세계에 460개가 넘는 기업을 갖고 있다. 파나마 운하와 부산 컨테이너터미널의 소유주이기도 하다. 캐나다에서는 밴쿠버에 새로운 도시를 건설하고 있을 정도다. 한번은 그가 기자들로부터 "당신은 어떻게 해서 찻집 종업원에서 아시아 최고의 재벌이 될 수 있었는가?"라는 질문을 받았다. 리자청은 이렇게 대답했다.

"나는 언제나 최고의 부자가 된 나 자신을 상상했다. 비결이라면 그것뿐이다."[24]

참고로 덧붙이면 리자청은 지금도 잠자리에 들기 전 다음 날 업무를 완벽하게 수행하는 자신의 모습을 생생하게 꿈꾼다고 한다.[25]

손정의는 일본 최고의 부자다. 지금은 동양의 빌 게이츠라 불리지만 처음 사업을 시작했을 때는 참으로 불쌍했다. 정식 직원을 채용할 돈이 없어서 아르바이트생 두 명을 데리고 사무실을 열어야 했으니 말이다. 더군다나 그중 한 명은 월급을 못 받을 것 같은 불안감에 한 달도 못돼서 그만두었다.

"나는 열아홉 살에 내 꿈을 명확히 설계했다. 이십 대에 내 분야에서 이름을 얻고, 삼십 대에 현금 천억 엔을 모으고, 사십 대에 정면승부를 걸고……."

이상은 손정의가 자신의 책과 인터뷰 기사 등에서 수없이 밝힌 성공 비결이다. 생생히 꿈꾸는 것만으로는 모자라 꿈을 건축물의 도면처럼 '설계'를 해버렸다는 그의 이야기는 꿈꾸기조차 두려워하는 우리에게 너무도 큰 도전으로 다가온다.

사이토 히토리는 대형 트럭 운전수의 조수로 사회생활을 시작했다. 말이 조수지 실제로 하는 일은 트럭의 화물을 운반하는 것이었다. 하지만 그는 현재 개인 사업자로는 일본 최고의 부자다. 지난 9년간 납부한 세금만도 무려 1,381억 9,100만원에 달한다 초판 발행일 기준. 그는 놀랍게도 "노력만 하면 절대로 부자가 될 수 없다"고 말한다. "부자가 되고 싶으면 부를 끊임없이 상상하라"고 조언한다. 그러면 부가 저절로 찾아온다는 것이다.

물론 상식적으로 볼 때 말도 안 되는 소리다. 그래서 대부분의 사람들은 그의 말을 귀담아 듣지 않았다. 하지만 10여 명의 사람들이 그의 말을 믿고 실천했다. 그리고 진짜로 모두 갑부가 되었다. 이 사람들은 현재 일본에 살고 있으며, 이들의 이야기는 책과 매스컴을 통해 여러 차례 소개되었다.[26]

02

건강하고 싶다면 '사랑'을 VD하라

"진정한 의사는 당신의 마음속에 있다."
– 히포크라테스 –

세상엔 두 가지 유형의 사람이 있다.

1. 매일 새벽에 가뿐하게 일어나는 사람, 매일 냉수마찰을 하는 사람, 하루 한 시간 이상 열심히 운동하는 사람, 철저하게 균형 잡힌 식사를 하는 사람, 몸에 좋다는 음식은 가리지 않고 꼭 챙겨먹는 사람, 정기적으로 병원에 들러 의사에게 진찰 및 조언을 받는 사람.
2. 자명종 소리에 쫓기듯 일어나는 사람, 냉수마찰은 엄두도 못 내는 사람, 운동을 해야 한다고 생각하면서도 실제로는 하지 않는 사람, 되는 대로 먹는 사람, 몸에 좋다고 소문난 음식을 거의 먹지 않는 사람, 심하게 아플 때만 병원을 찾는

사람.

당신은 어떤 사람인가? 만일 당신이 전자라면 건강한 사람이고, 후자라면 건강하지 못한 사람이다. 이것은 상식이다. 하지만 상식이 진실이 될 수는 없는 법이다. 세상의 모든 진실이 그렇듯이 건강의 진실 또한 상식이 뒤집힌 곳에 있는 것 같다. 전자처럼 사는 사람들이 오히려 큰 병에 걸리고 단명하는 경우도 많고 후자처럼 사는 사람들이 큰 병치레 없이 장수하는 경우도 많기 때문이다. 물론 반대의 경우도 성립한다.

즉 진실은 이렇다. 사람의 건강을 책임지는 것은 운동, 음식, 의사 같은 물질적인 조건 이상의 것이다. 이는 의학계의 연구를 통해서도 입증되었다. 많은 사례 중에서 대표적인 것 세 가지만 보자.

1. E. 아이들러 박사는 12년간 3천여 명의 흡연자를 대상으로 흡연이 건강에 미치는 영향에 대해서 조사했다. 결과는 놀라웠다. 흡연은 어떤 사람들에게는 치명적인 영향을 끼쳤지만, 어떤 사람들에게는 별다른 영향을 끼치지 않았다. 사망률에서도 크게 차이가 났다. 전자의 사망률이 후자보다 무려 7배 이상 높았다. 한마디로 사람의 건강에 좋지 않은 영향을 미치는 것은 흡연 이상의 어떤 요인이었다.
2. 스탠포드대학교 의학과 교수 케네스 펠레티에에는 모범이 될

정도로 건강한 삶을 살고 있는 사람들을 대상으로 그 비결을 조사했다. 처음에 그는 돈, 식사 습관, 운동 같은 물질적인 것을 생각했다. 하지만 조사 결과는 전혀 달랐다. 물질적인 것들은 건강에 큰 영향을 미치지 못하고 있었다. 케네스 펠레티에 교수는 자신이 발견한 건강의 핵심 비결을 세상에 발표했다.

3. 미시간대학교 심리학연구소장 제임스 하우스는 미시간 주에 거주하는 3천여 명의 성인들을 대상으로 10여 년간 건강 상태를 조사했다. 그 결과 어떤 특정한 행동을 하는 사람들은 그렇지 않은 사람들보다 병에 걸려 죽을 확률이 무려 2.5배나 낮다는 것을 발견했다. 그 특정한 행동은 비물질적인 것이었다.

E. 아이들러 박사의 '어떤 요인'과 케네스 펠레티에 교수의 '핵심 비결', 그리고 제임스 하우스 소장의 '특정 행동'이란 대체 무엇일까? 바로 VD와 사랑이다.

E. 아이들러 박사는 말한다.

"담배를 피우면서 흡연 때문에 건강이 나빠질 거라고 생각한 사람들은 건강이 악화되면서 일찍 죽었다. 반면 흡연이 건강에 별 영향을 미치지 못할 거라고 생각한 사람들은 별다른 영향을 받지 않았다."

케네스 펠레티에 교수는 말한다.

"건강의 핵심 비결은 마음가짐이다. 특히 사람들을 진실하게 사랑하고 섬기는 것이다."

제임스 하우스 소장은 말한다.

"그 특정한 행동이란 사랑과 봉사다. 적극적으로 사랑의 봉사를 하는 사람들은 건강하게 오래 산다."

쉽게 말해서, 마음속에 사랑이 없고 건강한 자신의 모습을 그리는 능력이 부족하면 제아무리 음식을 엄격하게 가려먹고, 운동을 철저히 하고, 최상의 의료 혜택을 받아도 그 모든 게 헛수고가 될 수 있다는 것이다. 반대로 건강을 지키기 위한 별다른 노력을 하지 않더라도 병에 대한 생각이 마음속에 침투하는 것을 허락지 않고, 다른 사람들을 내 몸 같이 사랑하면 누구보다 건강하게 살 수 있다는 것이다. 즉 건강을 지켜주는 2대 핵심 요소는 사랑과 VD다.

상상력이 병에 미치는 영향

미국 포터워스 암연구센터의 칼 사이몬트 박사는 다음과 같이 말한다.

"만일 어떤 공동체의 구성원들이 어떤 계기로 인해 암에 걸리면 반드시 죽는다는 의견을 갖게 되고, 의식적으로든 무의식적으로든 암 환자들이 사망하는 광경을 집단적으로 상상하기 시작하면 실제로 그 공동체 내 암 환자의 사망률이 급격히 상승한다. 따라서 암을 치료하려면 먼저 공동체 구성원들이 갖고 있는 암에 대한 부정적인 상상부터 제거해야 한다."

텍사스대학교의 연구 결과도 상상력이 병에 미치는 영향에 대한 흥미로운 관점을 제시해준다. 연구진은 미국, 영국, 그리스, 루마니아 등 세계 각국의 정신질환자들을 대상으로 광범위한 조사를 했다. 그 결과 정신적으로 심각한 문제가 있는 사람들은 암, 백혈병 같은 치명적인 질병에 거의 걸리지 않는 것을 발견했다. 연구진은 그 이유로 상상력을 들었다.

정상인들은 매스컴 등을 통해 질병에 관한 정보를 수시로 접하고 자기도 모르게 끊임없이 질병을 상상하게 된 결과 암 같은 병에 쉽게 걸리지만, 정신질환자들은 그런 질병이 존재하는지조차 모르기 때문에 의식적으로든 무의식적으로든 질병을 상상할 수 없고, 그 결과 치명적인 질병에 잘 걸리지 않는다는 것이다.

상상력은 인간의 몸에 큰 영향을 미친다. 인간이 의식적으로든 무의식적으로든 병을 지속적으로 상상하면 병에 걸리고, 건강을 지속적으로 상상하면 건강해진다.

인간이 병을 상상하면 몸은 스트레스를 받는다. 그러면 몸에서 스트레스 호르몬이 나와서 면역체계를 파괴한다. 반면 건강을 상상하면 몸에서 건강을 지켜주는 신경펩타이드가 나와서 면역체계를 강화한다. 이는 PET양전자 방출 단층촬영나 fMRI기능적 자기공명영상를 통해서 직접 눈으로 확인할 수 있다.

이뿐만 아니다. 사람이 잠시 두 손을 모으고 건강에 좋은 뇌파인 알파파를 상상하면 뇌에서 실제로 알파파가 생긴다. 심장 박동수, 혈압, 체온, 위의 산도 등도 상상력을 통해 조절할 수 있다. 이를테면 심장이 빠르게 뛰는 것을 상상하면 실제로 심장 박동수가 증가하고, 체온이 낮아지는 것을 상상하면 실제로 체온이 낮아진다. 이는 뉴욕 록펠러대학의 연구를 통해 입증된 사실이다.

상상력은 면역세포인 백혈구의 수까지도 조절할 수 있다. 지금 인터넷 검색 창에 백혈구나 T-임파구를 치고 이미지를 클릭해보라. 그 이미지를 보면서 머릿속으로 백혈구와 T-임파구를 생생하게 그려보라. 그러면 당신의 몸 안에서 백혈구와 T-임파구가 빠르게 증식한다. 이는 텍사스대학의 실험으로 증명되었다. 참고로 말하면, 백혈구와 T-임파구는 인체 내에서 암 세포를 비롯한 각종 나쁜 세균과 바이러스를 분해하는 우리 몸 안의 의사다.

건강의 모든 것, 사랑

하지만 그렇다고 알파파나 백혈구 같은 것을 지속적으로 상상하기는 어렵다. 아무리 건강에 좋다고 해도 이런 상상은 좀 부자연스럽다. 그리고 이런 쪽으로만 치우치다 보면 건강을 지켜주는 또 다른 요소인 사랑을 잊게 된다. 아니 사랑은 또 다른 요소가 아니라 건강의 처음과 끝이다. 건강의 모든 것이다.

만일 우리가 진정으로 사랑을 실천한다면 우리는 굳이 알파파와 백혈구를 상상하는 수고를 하지 않아도, 굳이 힘들게 운동하지 않아도, 굳이 음식을 가려먹지 않아도 얼마든지 건강하게 잘 살 수 있다.

진정으로 건강하고 싶다면 마음속에 사랑을 생생하게 그릴 수 있어야 한다. 헐벗고 굶주린 사람들을 무조건적으로 섬기고 받드는 그런 모습을 굳이 그리지 않아도 좋다. 그저 사랑이라는 단어를 떠올리는 것만으로도 충분하다. 그러면 뇌의 변연계에서 몸과 마음을 편안하게 만들고 소화가 잘 되게 하고 피를 맑게 하는 신경전달물질이 나와서 뇌혈류 장벽을 지나 온몸의 혈관으로 퍼진다. 면역력을 증대하는 각종 호르몬 역시 무수히 분비된다.

다음 이야기를 들어보자.

"사랑과 감사에 넘치는 마음은 우리 몸 안에서 백혈구와 엔도

르핀을 대량으로 생산한다." – 이상구 박사(암 전문의)

"마음속으로 항상 기뻐하고 즐거운 일을 상상하며 다른 사람을 진실하게 사랑하는 사람은 결코 병에 걸리지 않는다."

– 다비드 소벨(캘리포니아 산 호세 카이저 퍼머넨테 병원 예방의학과장)

"마음속에 사랑과 기쁨과 감사가 있으면 엔도르핀의 분비가 촉진되고 이는 스트레스 호르몬의 감소로 이어진다. 그 결과 면역력이 크게 강화된다." – 로마린다대학교&스탠퍼드대학교 의과대학 연구진

"무슨 일이든 긍정적으로 생각하고, 어떤 일이든 감사하고, 누구든 사랑하는 마음가짐으로 사는 사람은 어떤 병도 예방할 수 있다." – 하루아마 시게오(일본 전원후생병원 원장)

"사랑은 몸과 마음을 건강하게 해주고 모든 병을 예방해준다."

– 앤드류 와일(애리조나대학교 의과대학 사회의학부 부장)

"사랑을 상상하는 것만으로도 스트레스나 병균의 침입으로부터 보호받고, 면역력과 치유력이 눈에 띄게 상승한다."

– 하버드대학교&존스홉킨스대학교 의과대학 연구진

"지나치게 사랑하고 감사하는 마음을 가진 사람은 절대로 병에 걸리지 않는다."

– R. 하몬(미국 심리학자)

사랑은 무조건적이다. 조건 없이 주는 것이다. 만일 당신이 마음속에 '사랑'이라는 글자를 쓰면서 그것을 무시하고 비난해도 사랑은 당신의 면역력을 높여주고 건강을 지켜준다. 대표적인 사례가 테레사 효과다.

만일 당신이 예수 그리스도의 사랑을 실천한 것으로 알려진 테레사 수녀에 관한 영화나 책을 보면 어떻게 될까? 타액의 항체 글로빈이 증가한다. 쉽게 말해서, 면역력이 높아져서 몸이 건강해진다는 소리다. 그런데 놀랍게도 테레사 수녀에 관한 기록들을 접하면서 "나랑 상관없는 일이다. 알 바 없다"라든가 "이 사람은 위선자다"라는 식으로 무시하고 비난해도 타액의 항체 글로빈이 증가한다. 이게 바로 진정한 사랑의 힘이다.

마음속에 사랑을 초청하라

그런데 이 진정한 사랑의 힘도 영향력을 발휘하지 못할 때가 있다. 바로 사람의 마음속에 분노나 원한이 자리 잡고 있을 때다.

사랑에 분노나 원한을 녹이는 힘이 없어서가 아니다. 그런 부정적인 마음에 사로잡혀 있을 때 사람은 사랑을 완전히 망각하기 때문이다. 마음속에 사랑이 발붙일 장소 자체가 없어지기 때문이다. 따라서 사랑을 VD하기 전에 먼저 분노나 원한을 변화시키는 VD를 할 필요가 있다.

내과, 신경외과, 예방의학과, 정신과, 암 분야, 대체의학 분야 등 의료계 각 분야에서 세계 정상에 자리 잡고 있으면서도, 평범한 의사들과 달리 환자의 마음까지 치료하는 일에 앞장서고 있는 진정한 의사들이 가르쳐주는 VD를 요약하면 다음과 같다.

1. 조용한 장소에 가서 두 눈을 감아라.
2. 마음속에 상상의 무대를 하나 만들어라.
3. 상상의 무대 위로 당신에게 상처를 입힌 사람들, 당신을 화나게 한 사람들, 당신에게 원한을 갖게 한 사람들을 초대하라.
4. 그 사람들에게 어떤 감정을 발산하기 전에 이것을 생각해보라. 당신 역시 자신도 모르게 누군가에게 상처를 입혔을 수 있음을, 누군가를 분노하게 했을 수 있음을, 누군가에게 원한을 샀을 수도 있음을. 그리고 이 사실을 인정하라. "인간은 누구도 완벽할 수 없다. 나도, 이 사람들도."
5. 그 무대 위로 당신 자신을 초대하라.
6. 당신에게 아픔을 준 한 사람 한 사람과 악수하면서 이렇게 말하라. "당신을 용서합니다. 당신이 잘되기를 빕니다." 이

때 따뜻하게 끌어안아 주면 더욱 좋다.

7. 악수가 끝나면 당신이 지을 수 있는 가장 환한 미소를 지어라. 이때 상상 속에서뿐만 아니라 실제로도 미소를 지어야 한다.

위의 VD를 지속적으로 실천하면 오래지 않아 마음속에서 분노와 원한이 봄눈 녹듯이 사라진다. 나도 이 VD를 해보았는데 효과가 아주 좋았다. 나의 내면 깊숙이 감추어둔 누군가를 향한 응어리가 점차 풀렸고, 마침내는 그 사람과 진심 어린 포옹까지 할 수 있었다. 실제로는 어떨까? 처음에는 약간 주저하겠지만 결국엔 용기를 내서 그 사람에게 다가가 "당신을 용서한다. 그리고 당신의 앞길을 축복한다"면서 악수 정도는 할 수 있으리라고 자신한다. 아니 그렇게 하지 않으면 오히려 내가 힘들 것 같다. 그 정도로 효과가 있었다.

분노와 원한을 녹이는 VD를 통해 마음속을 깨끗하게 정리한 다음 '사랑'을 초청하라. 아침에 일어나서 한 번, 하루 일과를 마친 뒤에 한 번, 잠자리에 들기 전에 한 번, 이렇게 하루 세 번 사랑을 VD하라.

요령은 간단하다. 숨을 크게 들이마시면서 온 우주와 온 세상에 충만한 사랑이 공기와 함께 들어와 가슴속을 가득 채우는 모습을 상상한다. 이어 숨을 천천히 내쉬면서 사랑이 온몸으로 고르게 퍼지는 모습을 상상한다. 이때 사랑을 따뜻한 빛 덩어리로 상상하면 더욱 좋다.

만일 이게 어렵다면, 누군가에게 사랑 받았던 기억을 반복해서 떠올리거나 인생에서 즐겁고 행복했던 순간을 떠올리는 것도 좋다. 그런데 이조차도 하기 어렵다면 그냥 마음속에 사랑이라는 글자를 쓰는 것만으로도 좋다. 이 간단한 VD를 매일 실천하는 것만으로도 당신은 건강하게 살 수 있다.

03

아픈 사람을 위한 치료 VD

"모든 환자는 몸 안에 자연치유력이라는 의사를 가지고 있다.
환자의 내부에 존재하는 의사에게 일 할 기회를 부여하는 것,
그것이 바로 의사들이 수행해야 할 최상의 임무다."
– 슈바이처 –

다음 상황을 가정해보자. 당신은 심장병 전문의다. 어느 날 당신은 한 환자를 진찰한다. 결과는 협심증. 약물요법도 듣지 않을 정도의 중증 환자다. 이대로 놔두면 언제 심장마비로 세상을 뜰지 모른다. 당신은 의과대학에서 배운 대로 심장 수술을 권한다. 그런데 이 환자가 이상한 소리를 한다. "명상요법으로 내 병을 고치겠소. 물론 식사도 조절하고, 운동도 병행하면서"라고.

어이가 없어진 당신이 묻는다.

"도대체 뭘 명상하겠단 겁니까? 당장 수술하지 않으면 어떻게 될지 모르는 상황인데……."

환자가 대답한다.

"사랑과 평화를 명상할 겁니다. 동시에 녹슬고 막혀버린 내 심장 혈관들이 이십 대의 그것처럼 팽팽하게 되살아나는 걸 생생하게 그릴 겁니다."

꼭 의사가 아니라도 황당할 것이다. '아니 도대체 이 무슨 정신나간 소리란 말인가. 약으로도 못 고치는 중병이라는데, 명상으로 고치겠다니. 게다가 뭘 생생하게 그린단 말인가. 또 생생하게 그려서 뭘 어쩌겠다는 말인가!' 이런 생각과 함께 '혹시 사이비 종교에 빠진 사람이 아닐까, 정신이 좀 이상한 사람이 아닐까' 하는 의심마저 들 것이다.

지금 이 글을 쓰고 있는 나 역시 마찬가지다. 솔직히 말해서 제정신인 사람으로 보이지 않는다. '그래 VD로 병도 고칠 수 있는 거야. 아주 좋아' 이런 생각보다는 '목숨이 걸려 있는데 무슨 VD 타령이란 말인가' 하는 생각이 더 앞선다.

하지만 딘 오니시 박사는 그렇지 않은가 보다. 그는 앞서 말한 치료법으로 심장병은 물론이고 암, 비만, 뇌졸중, 당뇨, 고혈압, 결석 같은 병까지도 말끔히 치료했으니 말이다.

특히 심장병 같은 경우 관상동맥이 막히면 보통 수술을 하는데, 6개월 정도 지나면 재발해서 다시 수술하는 경우가 일반적이다. 하지만 딘 오니시 박사의 치료법으로 심장치료를 받은 환자들은 재발 가능성이 거의 없다고 한다. 참고로 말하면, 딘 오니시 박사는 빌 클린턴 미국 전 대통령의 자문의다.

종양학자이자 방사선과 전문의인 칼 사이몬튼은 딘 오니시 박사의 치료법보다 한 발 앞선다. 그는 159명의 말기 암 환자들에게 방사선 치료를 하면서 다음 8가지 상상을 매일 생생하게 할 것을 요구했다.

1. 암 세포를 먹이로 상상하라.
2. 암 세포를 잡아먹는 인체 내의 NK세포를 먹성이 좋은 악어로 상상하라.
3. NK세포가 암 세포를 마구 먹어치우는 모습을 상상하라.
4. 암 덩어리가 점점 줄어들다가 마침내 완전히 소멸하는 광경을 상상하라.
5. 의사로부터 암 세포가 완전히 사라졌다고 진단 받는 순간을 상상하라.
6. 의사의 진단을 받고 기분이 좋아서 날아갈 것 같은 순간을 상상하라.
7. 집으로 돌아와 가족들에게 병이 완치된 소식을 전하고, 가족들이 박수를 치면서 환호하는 광경을 상상하라.
8. 새로운 희망에 부풀어 다시 회사에 출근하는 모습을 상상하라.

결과는 어떻게 되었을까? 위의 8가지 상상을 너무도 생생하게 한 나머지 현실감각마저 잃어버릴 정도가 되었던 22.2%의 환자들은 암이 흔적도 없이 사라졌다. 마지못해 따라했던 나머지 환자들은 그냥 방사선 치료만 받았던 환자들보다 눈에 띄게 호전되었고, 두 배나 오래 살았다.

또 다른 VD 치료 사례들

R=VD가 병의 치료에도 활용될 수 있을까?

'만일 R=VD가 진정한 변화의 공식이라면 병도 변화시킬 수 있을 텐데' 하는 생각으로 관련 자료를 찾아보았던 필자는 딘 오니시와 칼 사이몬튼의 VD 치료법을 접하고 많이 놀랐다. 하지만 바로 의심이 찾아왔다. 그래서 다른 사례를 더 찾아보았다. 그리고 의심을 많이 걷어내게 되었다.

1. 미국의 내과의사 디팩 초프라는 폐암 환자들에게 하루에도 몇 번씩 "나는 낫는다. 내 병은 완전히 낫는다"라고 소리 내어 말하게 하면서 병이 낫는 자신의 모습을 생생하게 그리게 했다. 초프라에 따르면, 이 방법을 믿고 실천한 환자들이 정말로 완치되었다고 한다.
2. 메사추세츠 의과대학 피부과에서는 피부병 환자들을 두 그

룹으로 나누어 다음과 같은 치료 실험을 했다. A그룹에게는 표준 치료법으로 알려진 자외선 치료만 했다. B그룹에게는 자외선 치료와 더불어 상상 치료를 했다. B그룹 환자들은 치료광선이 병균들을 녹여 없애는 동시에 새로운 세포들이 건강하게 자라는 것을 도와주는 상상을 매일 꾸준히 했다. 결과는 이렇다. A그룹은 10명이었는데, 그중 겨우 2명만 상태가 좋아졌다. B그룹은 13명이었는데, 그중 상상 치료를 진지하게 받은 10명은 아주 빨리 완치되었다. 반면 그렇지 않은 3명은 치료가 잘 되지 않았다.

3. 캘리포니아 의과대학의 마틴 로스만 교수는 1972년부터 환자들에게 VD 치료법을 가르쳤는데, 수천 명에 달하는 환자들의 병이 씻은 듯이 나았거나 증상이 크게 좋아졌다.
4. 샌프란시스코 종합병원에서 중증의 심장병 환자 400명을 대상으로 다음 실험을 했다. A그룹 200명에게는 환자들 모르게 여러 사람의 기도 조력자를 붙여주었다. 기도 조력자들은 신께서 환자들의 병을 고쳐주시는 장면을 강렬하게 상상하며 기도를 했다. B그룹에는 기도 조력자를 붙여주지 않았다. 6개월 후 다음과 같은 결과가 나타났다. A그룹의 항생제 투여량은 B그룹보다 무려 5배나 줄었다. A그룹은 폐렴 합병증도 B그룹보다 3배나 적게 발생했다.

5. 하버드대학교 병원에서는 54명의 불임 환자를 대상으로 10주간 자신이 임신한 모습을 생생하게 그리게 했다. 그 결과 이 과정을 열정적으로 따라한 34%의 환자들이 6개월 안에 임신을 하게 되었다.
6. 뉴욕 메모리얼 슬론－케더링 암센터는 "암 환자의 대부분이 암이 발병하기 6~8개월 전에 크나큰 심리적 충격을 받고, 죽고 싶다는 상상을 무의식적으로 계속하게 된 결과 암이 발병하게 된다"고 발표했다.
7. 미국의 듀크대학 병원과 영국의 브리스톨 암 전문병원에서는 상상 치료 전문 의사를 고용하고 있다.

위의 자료들은 빙산의 일각에 불과하다. 오늘날 VD 치료법은 대체 치료요법, 심상 치료요법, 상상 치료요법, 이미지 치료요법, 신경언어프로그래밍, FPT 프로그램 등 다양한 전문용어로 포장되어 세계 각국에서 무수한 환자들과 만나고 있다. 미국에서는 80여 개 대학이 교과과정으로 채택해서 가르치고 있고, 국립보건원에서는 OAM이라는 기관을 설립해 VD 치료법을 전문적으로 연구하고 있으며, 환자 치료에도 활용하고 있다.

VD는 인간의 병을 치료하는 데 탁월한 효과가 있다. 만일 당신이 병에 걸렸을 때 의사에게 치료를 받으면서 VD 치료를 병행한다면 그렇지 않은 경우보다 훨씬 빨리 회복될 수 있다.

치료 VD의 장점은 심리적 효과가 탁월하다는 것이다. 사람은 마음속으로 이미 병이 나은 자신의 모습을 바라보는 것만으로도 눈에 띄게 안정되고 편안해진다. 이런 마음의 상태가 병세를 급격히 호전시킨다는 것은 상식이다.

치료 VD를 하는 데는 돈이 전혀 들지 않는다. 특별한 행동도 필요하지 않다. 그저 마음속으로 가만히 상상만 하면 된다. 이처럼 좋은 치료법이 세상에 또 어디 있단 말인가! 만일 당신이 환자라면, 또는 당신의 주변에 환자가 있다면 병원 치료와 더불어 VD 치료를 병행할 것을 권한다. 좋은 일이 일어날 것이다. 너무도 좋은 일이…….

04

상위 0.1% 수험생들의 VD

일본의 후쿠이 가즈시게 박사는 자신이 발명한 두뇌 혁신 프로그램을 통해 평범한 사람의 학습능력을 수재 수준으로 향상하게 하는 것으로 유명하다. 동경대 의대 부속병원 재직 시절부터 두뇌와 학습능력에 관해 남다른 관심을 갖고 연구해온 그는 이 방면에 관한 다수의 저서를 집필하기도 했는데, 그가 처방하는 학습능력 향상 비법은 의외로 간단하다.[27]

"공부와 시험에 대해 긍정적인 VD를 하라. 그러면 학습능력이 기적적으로 향상된다."

이것이 전부다.

인생은 시험의 연속이다. 초등학교 1학년 때부터 시작되는 시험은 취직할 때까지 계속된다. 취직한 뒤에는 또 다른 형태의 시험이 시작된다. 어쩌면 우리는 죽는 날까지 시험을 치러야 하는 존재인지도 모른다. 우리 자신이 직접적으로 치러야 하는 시험은 언젠가 끝나더라도 자녀가 초등학교에 입학하는 순간부터 간접적으로 치러야 하는 시험이 생겨나기 때문이다.

대부분의 사람들은 시험 때문에 스트레스를 받는다. 시험 날짜가 다가오는 것을 두려워하고 시험이 어서 끝나기를 기대한다. 그런데 이 지구에는 시험 스트레스를 전혀 받지 않는 사람들도 있다. 그들은 시험을 즐긴다. 시험을 자신의 능력을 확인하는 장으로 생각하고, 다른 사람들에게 인정받을 수 있는 기회로 이해한다. 전국 석차 상위 0.1%에 속하는 학생들, 수석 졸업생들, 수석 입사자들, 각종 승진 시험에서 선두를 달리는 사람들이다.

한때 나는 책을 쓰기 위해서 이런 사람들에 관한 자료를 조사한 적이 있다. 1천여 명은 학생이었고, 500여 명은 직장인이었다. 수능 및 고시 합격 수기, 인터뷰, 책 등을 통해서 발견한 이들 1,500여 명의 공통된 학습 비결은 "공부를 즐긴다"는 것이었다. 아니 좀 더 구체적으로 말하면, "재미없는 공부를 즐겁게 하기 위해 많은 노력을 기울인다. 그러면 진짜로 공부가 즐거워진다. 그리고 성적이 수직 상승한다"는 것이었다. 나는 이 발견을 책과 강연 그리고 신문과 방송 등을 통해 세상에 널리 알렸다.

그러던 어느 날 이런 의문을 품게 되었다.

"도대체 그들은 어떻게 해서 공부를 즐기려는 노력을 지속적으로 할 수 있었던 걸까?"

답을 얻기 위해서 그들에 관한 자료를 뒤지고 또 뒤졌다. 마침내 나는 답을 얻을 수 있었다. 그들은 VD가 달랐다.

필자의 경우를 예로 들면, 학창 시절에 가졌던 공부 및 시험 VD는 부정적인 것 일색이었다. 나는 늘 공부가 싫었고 시험이 두려웠다. 공부 하면 떠오르는 것은 부모님의 답답한 얼굴, 선생님의 짜증스런 얼굴, 방정식 이후로 전혀 진도가 나가지 않는 수학 참고서, 가슴에 한기가 느껴지게 하는 성적표 등이었다. 그런 영상들이 나를 얼마나 힘들게 했던지, 학교를 졸업한 지 10년이 넘은 지금도 그 부담스런 영상들을 생생하게 VD할 수 있을 정도다.

하지만 앞에서 언급한 1,500여 명의 VD는 나와 달랐다. 그들은 '공부', '시험' 하면 부모님 또는 아내의 환한 웃음, 선생님 또는 상사의 신뢰하는 눈빛, 손에 잡기만 하면 진도가 척척 나가는 각종 책들, 가슴을 설레게 만드는 시험 결과표 등을 떠올렸다.

원래 그 사람들은 학습능력이 뛰어나니까 그런 VD를 하는 것이 당연한 것 아니냐는 질문이 있을 수 있다. 하지만 그렇지 않다. 1,500여 명 중 원래부터 학습능력이 남달랐던 사람은 1,100여 명이었고, 나머지 400여 명은 보통 수준 이하의 사람들이었다. 즉 1,100여 명은 본래부터 긍정적인 VD를 해서 공부를 즐기는 법을 자연스럽게 터득한 사람들이었고, 400여 명은 의도적으로 긍정적인 VD를 해서 공부를 즐기는 법을 터득한 사람들이었다. 쉽게 말해서, 평범한 사람들에게도 희망이 있다는 이야기다.

공부 천재들의 두뇌 단련법

베타엔도르핀이라는 호르몬은 해마와 전두엽에 분포하고 있는 A10 신경을 활성화하는 역할을 한다. 베타엔도르핀은 긍정적인 생각을 할 때마다 분비되는데, 해마를 자극해서 기억력을 상승시키고, 전두엽을 자극해서 학습의욕을 촉진한다.

쉽게 말해서, 수재나 천재 소리를 듣는 사람들은 두뇌 속에서 베타엔도르핀이 왕성하게 분비되는 사람들이라고 보면 된다. 실제로 노벨상 수상자들이나 세계적인 석학들이 연구에 몰두하고 있을 때 그들의 두뇌 속에서 베타엔도르핀이 햇빛처럼 무수히 쏟아진다고 한다. 그래서 베타엔도르핀은 천재의 호르몬이라고 불리기도 한다.

노르아드레날린이라는 호르몬은 베타엔도르핀과 반대되는 작용을 한다. 노르아드레날린은 부정적인 생각을 할 때마다 분비되는데, 두뇌 속에서 베타엔도르핀이 분비되는 것을 막아 해마와 전두엽에 분포하고 있는 A10 신경을 둔화시키는 역할을 한다.

두뇌 속에서 노르아드레날린이 많이 분비되는 사람의 특징은 공부할 의욕이 없고, 공부가 즐겁지 않고, 수업을 들어도 잘 이해하지 못하고, 시험에 자신이 없다는 것 등이다. 참고로 말하면 노르아드레날린은 코브라의 맹독에 준하는 독성물질로 알코올 중독자나 마약 중독자의 뇌에서 주로 발견된다고 한다.

포토그래픽 메모리란 한 번 본 것을 마치 디지털 카메라로 찍듯이 두뇌 속에 저장하고 불러내는 능력을 말한다. 뇌 과학자들과 두뇌 생리학자들은 사람은 누구나 포토그래픽 메모리를 가지고 있음을 발견했다.

그런데 보통 사람들은 왜 이런 포토그래픽 메모리를 사용할 수 없는 걸까? 왜 수학 천재들이나 물리학 천재 같은 사람들만 이런 능력을 사용할 수 있는 걸까? 뇌 과학자들과 두뇌 생리학자들은 이 주제를 치열하게 파고들었다. 그리고 마침내 답을 발견했다. 천재들과 달리 일반 사람들의 두뇌는 미세한 오작동이 발생하고 있는데, 바로 이것이 포토그래픽 메모리 사용을 제한하고 있었다.

대부분의 사람들은 공부를 잘하길 원하고 각종 시험에서 우수한 성적을 거두길 원하면서도 정작 현실에서는 바보 같은 짓을 저지른다. 공부 때문에 걱정하고, 시험에서 떨어질 것을 두려워한다. 공부가 너무 좋아서 기뻐하고 즐거워하는 자신의 모습은 있는 힘을 쥐어짜도 그리지 못하지만 공부 때문에 힘들어하고 고통스러워하는 자신의 모습은 너무 쉽게 그린다. 전교 1등, 전국 1등, 사내 1등 하는 자신의 모습은 감히 상상할 엄두조차 못 내지만 평범한 성적을 받은 자신의 모습, 시험을 망친 자신의 모습은 어렵지 않게 상상한다. 자신의 소망을 파괴하는 VD를 매일 매 순간 무의식적으로 하고 있는 것이다.

그렇게 사람들은 날마다 스스로 두뇌 속에서 코브라의 맹독에 준하는 독성물질이 쏟아지게 만든다. 노르아드레날린의 분비를 촉진하여 해마와 전두엽의 활동을 둔화시킨다. 그 결과 집중력과 기억력이 저하되고 부정적인 VD는 현실이 된다. 실제로 공부를 못하고 시험을 망친다.

노르아드레날린은 포토그래픽 메모리에 치명적이다. 혹시 당신은 수업을 들어도 머릿속에 분명하게 정리되는 것이 별로 없고, 나름대로 열심히 공부하고도 중요한 내용을 번번이 잊어버리곤 하는가? 한 번 읽는 것만으로는 부족해서 노트에 정리하고 연습장에 여러 번 써보아야 비로소 외워지는 사람은 아닌가?

만일 당신이 그런 사람이라면 포토그래픽 메모리 사용에 커다란 제한을 받고 있다는 것인데, 당신의 부정적인 VD가 이런 결과에 어떤 영향을 미쳤다고 생각하는가? 어쩌면 당신은 자신도 모르게 스스로를 평범한 학습능력 또는 열등한 학습능력을 가진 사람으로 만들었는지도 모른다.

VD를 바꾸면 두뇌가 변한다

공부를 잘하고 싶다면, 각종 시험에서 기적적인 결과를 얻고 싶다면 다른 무엇보다 먼저 VD를 바꿔야 한다. 성적이 중위권이든 하위권이든 상관없다. 무조건 공부를 최고로 잘하고 시험에 거뜬히 합격하는 자신의 모습을 그리고 또 그리다 보면 두뇌가 서서히 변화한다. 노르아드레날린으로 가득 찼던 두뇌가 베타엔도르핀으로 가득 차고, 뇌파는 알파파 상태가 된다.

아인슈타인 박사가 연구에 몰입하고 있을 때 나오는 뇌파, 바둑 명인들이 대국을 할 때 나오는 뇌파, 컴퓨터 이상으로 정확한 암산 능력을 자랑하는 사람이 암산할 때 나오는 뇌파가 바로 알파파다. 알파파는 평범한 사람의 두뇌 속에 잠들어 있는 포토그래픽 메모리의 전원을 켜는 스위치이기도 하다.

당신이 학생이라면 틈날 때마다 있는 힘을 다해서 다음 그림을 생생하게 그려라.

❶ 선생님의 설명을 듣는 즉시 이해하고 두뇌에 새기는 자신의 모습.

❷ 교과서와 참고서를 한 번 읽는 것만으로도 그 내용을 완벽하게 기억하는 자신의 모습.

❸ 보는 시험마다 성적이 수직 상승하는 그림과 그 수직 상승선이 마침내 1위에 가 닿는 그림.

❹ 당신의 성장을 벅찬 감격의 눈으로 지켜보며 환호하고 박수쳐주는 가족과 친구와 선생님의 모습.

❺ 당신의 공부 비결을 배우고 싶어서 당신의 뒤를 쫓아다니는 수많은 사람들의 모습.

❻ 당신의 공부 비법이 세상의 화젯거리가 되어 매스컴에 보도되고 책으로 출판되는 그림.

당신이 수험생이라면 하루 중 시간을 정해놓고 다음 그림을 생생하게 그려라. 공부가 안 될수록 더욱 열심히 그려야 한다. 그러면 마음이 안정되고 집중력이 살아난다.

❶ 당신이 이미 공부한 내용만 시험에 나오는 그림.

❷ 당신이 지망하는 대학 또는 직장으로부터 "합격을 축하합니다"라는 결과를 받는 모습. 이때 "하나님, 진짜로 합격하게 해주셔서 감사합니다!"라고 외치면 더욱 좋다.

❸ 당신의 합격을 모두가 축하해주는 그림. 가족, 친구, 선생님이 "합격을 축하한다!", "네가 합격할 줄 알고 있었어!"라고 말하는 광경.

❹ 당신이 친구들에게 합격 기념으로 한턱내는 그림. 떠들썩한 분위기에서 한턱내는 데 들어가는 돈을 살짝 아까워하면서도, 합격한 것에 대해 기뻐하고 감사하는 자신의 모습.

* 승진 시험을 준비하고 있다면 '합격' 대신 '승진'을 대입하면 된다.

온 마음을 다해서 매일 간절하게 그리는 그림은 현실이 된다. 당신의 현재 상태가 어떻든 상관없다. 중요한 것은 매일 간절하게, 생생하게 당신이 원하는 그림을 그리는 것이다.

시험은 다가오는데 공부한 것은 없고, 모의고사 성적은 갈수록 곤두박질이고, 앞날을 생각하면 눈물과 한숨뿐이라면, 합격한 자신의 모습을 더욱 생생하게 그려라.

당신이 원하는 직장이 따로 있어서 원서를 넣었는데 지금 다니는 회사 때문에 정작 시험을 준비할 시간이 없다면, 그래서 힘들고 괴롭다면, 그럴수록 원하는 직장에 다니는 자신의 모습을 더욱 분명하게 그려라. 눈물이 날 정도로 진실하게, 가슴이 터질 것 같이 간절하게 그려라.

너무 열심히 그림을 그린 나머지 당신이 이미 합격해서 대학생이 되었고, 취직 또는 전직이 되었고, 승진이 되었는데 지금 잠시 지나간 수험생활에 대한 꿈을 꾸고 있는 거라고 믿을 정도로 그렇게 온 힘을 다해서 그려라.

당신이 하루하루를 그렇게 살 때 비로소 당신의 인생에 기적이 찾아온다. 당신의 꿈이 현실이 되고, 당신의 그림이 실제가 된다.

포토그래픽 메모리를 깨워라

미국 초등수학 교과서를 편찬한 세계적 수학 교육자인 서울교대 배종수 교수와 세계에서 가장 큰 중국음식점을 창업한 하림각 남상해 회장이 바로 극한의 상황에서 무시무시한 VD를 해서 불가능해 보이는 시험에 합격한 대표적인 인물이다.

배종수 교수가 28세 때의 일이다. 그는 6년간의 직장생활을 접고 교수의 꿈을 이루기 위해 공부를 시작했다. 첫 번째 관문은 수학 검정고시에 합격해 중등학교 수학교사 자격증을 따는 것이었다. 그런데 문제가 있었다. 4년제 대학교 수학과 졸업생도 풀기 어려운 문제만 출제되는 통에 합격자가 전국을 통틀어 한 명 수준이었던 것이다.

청년 배종수는 잠시 자신의 현실을 돌아보았다. 그러자 머릿속에 온통 '불가능'이라는 단어밖에 떠오르지 않았다. 첫째, 그는 문과 출신이어서 미적분을 배운 적이 없었다. 둘째, 시험 준비 기간이 고작 6개월뿐이었다. 6개월 안에 고등학교부터 대학 과정까지 독학해야 했다.

그래도 도전하는 수밖에 없었다. 하지만 현실은 냉혹했다. 문제를 풀기는커녕 문제 자체를 이해할 수 없었다. 괴롭고 절망스런 마음에 수학자들을 원망하고 욕하다가 마지못해 책을 붙들고 펑펑 우는 날들이 계속되었다. 청년 배종수는 그렇게 4개월을 보냈다.

하지만 교수의 꿈을 포기할 수 없다는 결론을 내리고 의도적으로 긍정적인 시험 VD를 하기 시작했다. 그는 이미 합격한 자신의 모습과 교수가 된 자신의 모습으로 마음속을 가득 채웠다. 간절하게, 진실하게, 절절하게, 생생하게 자신이 원하는 그림을 그리고 또 그렸다.

내가 인터뷰를 했을 때 배종수 교수는 당시의 심정을 "인생을 걸었다는 표현은 적절하지 않다. 당시의 나는 목숨을 걸고서 VD를 했다"라고 표현했다.

청년 배종수의 긍정적인 VD는 두뇌를 베타엔도르핀과 알파파로 가득 채웠다. 베타엔도르핀과 알파파는 사람의 두뇌 속에 잠들어 있는 천재적 학습능력을 깨우고, 포토그래픽 메모리의 사용을 제한하는 두뇌 안의 미세한 오작동을 바로잡는다.

청년 배종수의 두뇌는 긍정적인 시험 VD를 시작한 지 한 달 만에 천재의 두뇌로 변화했다. 그리고 남은 한 달 동안 초인적인 능력을 발휘해서 시험 준비를 완벽하게 마치고, 꿈에 그리던 중등교사 자격증을 손에 쥐게 했다.

배종수 교수의 말을 들어보자.

"나는 무너져내리는 마음을 다잡기 위해 애써 밝고 긍정적인 모습을 그려보곤 했다. 그것은 바로 오랜 세월이 흐른 뒤 정년을 앞둔 나 배종수 교수의 모습이었다. 낙엽이 뒹구는 캠퍼스, 백발이 성성한 노교수 배종수, 내 강의를 열중해서 듣는 학생들……. 그런 노력이 헛되지 않았던지 시험을 한 달여 앞둔 시점부터 서서히 희망이 보이기 시작했다. 시험 20일 전에는 나 자신이 놀랄 정도로 급속한 진전을 보였다. 눈에 보이는 문제들이 곧바로 이해되기 시작한 것이다. 감고 있던 눈을 뜬 것처럼 수학이 선명하게 들어오기 시작했다. 그해 12월, 마침내 나는 합격 통지서를 받았다."[28]

지금 배종수 교수는 28세 때 목숨을 걸고 그렸던 VD대로 살고 있다.

실기시험을 앞두고 있는 사람들은 하림각 남상해 회장의 VD 이야기를 온 마음을 다해 듣기 바란다.

청년 남상해는 자장면 배달부 시절 국제관광공사에서 요리사 지망생을 뽑는다는 소식을 들었다. 그가 지망하는 중식 부문은 5명을 뽑았는데, 신청자가 무려 300명이 넘게 몰려들었다. 다들 중국요리를 제대로 배운 쟁쟁한 사람들이었다.

청년 남상해는 정식으로 요리를 배운 적이 없었다. 게다가 시험 날짜는 얼마 남지 않았고, 그는 생계를 위해 자장면 배달을 계속해야 했다. 요리를 배울 시간도 없었고, 여건도 되지 않았다. 상식적으로 생각할 때 남상해는 자신의 꿈을 포기해야 했다. 하지만 다행스럽게도 그는 꿈을 포기하는 대신 R=VD 공식을 사용해서 꿈을 이루는 것을 선택했다.

청년 남상해는 마음속에 상상의 주방을 차려놓고 요리 실습을 VD하기 시작했다. 당시 그가 얼마나 생생하게 VD를 했던지 상상의 요리 속에 들어가는 조미료 알갱이 숫자까지 정확하게 맞추었다고 한다. 더불어 자신이 요리 시험을 완벽하게 마친 모습, 자신의 요리에 감탄하는 시험관의 모습, 합격자 5명 안에 당당히 들어간 자신의 모습 등을 생생하게 그렸다.

비현실적인 행동은 비현실적인 결과를 만들어낸다. 운명의 합격자 발표 날, 요리 실습 한 번 제대로 못하고 VD만 했던 남상해는 요리 실습을 열심히 하고 VD는 하지 않은 295명의 쟁쟁한 실력자들을 물리치고 당당히 합격했다.

국제관광공사 연수생이 된 뒤에도 그는 실습과 더불어 VD를 지속해서 1등 졸업생이 되었고, 연수 생활 1년 만에 워커힐 호텔

조리부장으로 발령을 받았다. VD를 하지 않은 또는 남상해 만큼 간절하게 VD하지 않은 다른 4명의 합격자는 남상해의 감독과 지시를 받는 조리과장과 주방장이 되었다.

현실적인 조건 때문에 꿈을 포기하고 보잘것없는 삶을 살아가는 평범한 사람들에게 남상해 회장은 말한다.

"해도 해도 안 될 때, 도저히 상황이 개선될 여지가 보이지 않을 때 느끼는 좌절을 안다. 피할 곳, 숨을 데라곤 없을 때 느끼는 절망감을 안다. 그럴수록 현실에 맞서 싸워라. 희망을 품어라. 희망은 절망적인 현실을 견뎌낼 수 있는 힘과 용기를 준다. 자장면 배달부 시절, 나는 아침마다 '상상의 기와집'을 지었다. 그 기와집 안에서 나는, 내가 배달 일을 하던 중국집보다 더 큰 음식점 사장이 돼 있었다. 위기가 기회이며, 벼랑 끝에 선 자가 가장 강한 법이다."[29]

05

그들에게는 비결이 있다

어디를 가든 꼭 그런 사람이 있다. 별로 예쁘지도 않은데 두 눈이 휘둥그레지도록 근사한 남자를 데리고 다니는 여자, 그리 내세울 만한 능력도 없는데 주위가 다 환해지는 그런 미인과 사귀는 남자.

멋진 이성과 사귀고 싶어서 갖은 발버둥을 쳐도 도리어 퇴짜만 맞는 사람들의 배를 심히 아프게 하는 이런 사람들의 특징은 별다른 노력을 하지 않는다는 것이다. 가만히 있어도 숨이 멎게 만드는 그런 이성이 다가와서 사랑을 고백한다는 점이다.

이런 사람들에게 뭔가 비결이 있다는 것을 밝혀낸 사람들이 있다. 미국의 유명 칼럼니스트 마크 마이어스와 영국 하트퍼드셔대학교 심리학과 교수 리처드 와이즈먼 박사가 대표적이다.

특히 영국왕립협회 초빙 강사이기도 한 리처드 와이즈먼 박사의 연구가 주목할 만하다. 그는 이성에게 늘 차이기만 하는 불운한 사람들 수백 명과 그 반대의 사람들 수백 명을 대상으로 10여 년간 심도 있는 연구를 진행했다. 그 결과 행운의 주인공들은 불운의 주인공들이 갖지 못한 어떤 '마음의 습관'이 있다는 사실을 발견했다.

와이즈먼 박사는 불운의 주인공들을 대상으로 행운의 강좌를 열어서 행운의 주인공들이 가진 마음의 습관을 전수했다. 그러자 놀라운 일이 벌어졌다. 이성에게 차이기만 하던 사람들이 이성의 열렬한 구애를 받는 사람들로 변화했다.

참고로 덧붙이면, 리처드 와이즈먼 박사가 기획한 행운과 불운에 관한 실험은 BBC 과학 프로그램에서 방영되었고 《네이처》, 《사이언스》, 《사이콜로지컬 불리튼》 같은 세계적인 과학 잡지와 〈타임스〉, 〈가디언〉, 〈데일리 텔리그래프〉 같은 세계적인 언론 매체에서 비중 있게 다뤄졌다.

두 사람이 밝혀낸 '비결'은 이 책이 다루고 있는 주제와 같다. 그 비결이란, 감히 쳐다볼 수조차 없을 정도로 가슴 떨리게 만드는 사람이 나에게 홀딱 빠진 나머지 내 뒤를 정신없이 쫓아다니고, 나 때문에 숨이 멎도록 행복해하는 광경을 의식적·무의식적으로 생생하게 꿈꾸면, 그러면 진짜로 그런 일이 벌어진다는 것이다.

마크 마이어스는 말한다.

"행운은 당신 스스로 만드는 것이다. 꿈에 그리던 사람을 만나서 사랑하고, 결혼하고 싶다면 매일 시간을 내서 마음속으로 영화를 상영하라. 당신이 원하는 그 사람을 이미 얻은 장면을 담은 영화 말이다."

그러면서 이렇게 덧붙이고 있다.

"이런 식으로 자신의 모습을 상상하는 것이 좀 바보 같아 보일지도 모른다. 하지만 이렇게 상상하다 보면 결국 당신이 원하는 것을 차지하게 되어 있다."

리처드 와이즈먼 박사는 말한다.

"스물다섯 살의 캘리포니아 출신 안드레아는, '내게 운이 특별히 더 잘 따르는 분야가 바로 연애예요. 연애를 시작한 열다섯 살 때부터 그랬어요. 나를 외모로 따지자면 그저 봐줄 만한 수준밖에 안 되는데 감히 꿈도 꾸지 못할 남자들과 만났거든요. 별다른 노하우도 없어요. 그냥 가만히 앉아서 이야기를 시작하면 엄청난 킹카든 장안에 소문난 남자든 다들 저한테 넘어와요'라고 말한다.

그녀의 비결은 눈부신 외모나 어마어마한 재력이 아니라 행운을 기대하는 심리다. 안드레아를 비롯해서 나의 연구에 참여한 행운아들 중에는 머릿속으로 행운을 그리는 연습을 한다는 사람들이 많았다.

당신도 한번 해보라. 조용한 방 안에 편안한 의자를 놓고 앉아서 눈을 감고 심호흡을 몇 번 한 뒤, 당신이 원하는 사람을 생생하게 그려보라.

운이 좋은 사람들은 별다른 노력을 하지 않아도 평생의 꿈과 소원을 쉽게 이룬다. 반면 운이 없는 사람들은 아무리 애를 써도 원하는 것을 손에 넣지 못한다. 이 두 그룹 사이에는 무슨 차이가 있는 것일까?

나의 연구 결과에 따르면 운이 없는 사람들은 암울한 미래를 상상하며 자신의 힘으로는 어쩔 수 없다고 생각한다. 반면 운이 좋은 사람들은 정반대로 상상한다. 멋진 미래와 근사한 연인이 자신을 기다리고 있다고 상상한다.

운이 좋은 사람들은 우연히 꿈을 이루는 게 아니다. 운이 없는 사람들은 원하는 것을 가질 수 없는 운명으로 태어난 게 아니다. 그들 자신의 미래에 대한 상상이 그들의 미래를 만든 것뿐이다."

사랑과 결혼을 위한 7가지 VD

마크 마이어스와 리처드 와이즈먼은 R=VD 공식이 이성교제나 결혼에 미치는 영향을 널리 알렸다. 그런데 이 공식을 직접 실천해서 더욱 유명해진 사람들이 있다. 세계적인 동기부여가인 마크 빅터 한센과 잭 캔필드, 세계적인 변화심리학자 앤서니 라빈스, 인간의 사고가 실제 현실에 미치는 영향을 25년간 연구하고 그 내용을 세계 각국의 사람들을 대상으로 20년간 강의한 존 키호 등이 대표적이다. 이들은 R=VD 공식을 사용해서 꿈에 그리던 연인을 실제로 만나 결혼까지 했다.

이들이 한 시간에 적게는 수백만 원, 많게는 수천만 원에 달하는 강사료를 받고 가르치는 연애와 결혼 VD는 다음과 같다.

1. 아직 좋아하는 사람이 없다면 사귀거나 결혼하고 싶은 사람의 성격, 외모, 직업, 재산, 종교 등을 정하라. 매우 구체적으로 정해야 한다. 아직 만나지 못했을 뿐 당신이 원하는 사람이 세상에 실제로 존재하기 때문이다.
2. 당신이 좋아하는 사람이 있다면 그 사람과 운명처럼 사귀고 결혼하게 될 계기를 정하라. 예를 들면, 매일 출근길에 만나지만 인사 한 번 나눠본 적 없는 사람을 소개팅 파트너로 만나게 되고 그 사람에게 애프터를 받는 상황 같은 것 말이다.
3. 1번과 2번의 내용을 예쁜 종이에 적어라.
4. 매일 시간을 내서 글로 적은 내용을 소리 내어 읽어라.
5. 소리 내어 읽은 뒤에는 의자에 앉거나 자리에 누워 눈을 감고 편안한 마음으로 상상하라. 글로 적은 내용이 전부 이루

어지는…….

6. 눈을 감고 상상하기가 어려운 사람은 VD 사진첩을 만들어라. 잡지나 신문 등에서 이상형의 외모를 가진 사람의 사진을 오려서 한 챕터를 만들어라. 그 사람으로부터 받고 싶은 선물 사진들을 오려서 한 챕터를 만들어라. 그 사람과 함께 여행하고 싶은 장소의 사진들을 모아서 한 챕터를 만들어라. 그 사람과 결혼하고 싶은 예식장의 사진, 가고 싶은 신혼 여행지 사진, 같이 살고 싶은 집 사진 등을 모아서 한 챕터를 만들어라. 물론 이 순서를 그대로 따를 필요는 없다. 취향에 맞게 자유롭게 만들면 된다. 사진첩을 완성하면 매일 시간을 내서 사진첩을 보며 VD하라. 이상형을 만나서 사랑에 빠지고, 그 사람과 함께 사진첩에 나와 있는 모든 것을 함께하는…….
7. 당신의 VD가 이루어진다는 확신을 가져라. 의심은 절대금물이다. 주위 사람들이 뭐라 하든, 당신 내부의 부정적인 자아가 어떤 소리를 하든 상관하지 마라. 오직 믿음에 믿음만을 더하라.

글렌나 솔즈베리의 VD

당신은 이제껏 살아오면서 당신의 마음을 뒤흔드는 운명적인 이성을 한 번이라도 만난 적이 있는가? 그런 이성과 한 번이라도 사귀어본 적이 있는가? 그런 이성으로부터 열렬한 사랑 고백을 받아본 적이 있는가? 만일 그런 적이 한 번도 없다면, 왜 그렇다고 생각하는가?

혹시 당신은 이제껏 운명적인 만남이 운명처럼 다가오기를 그저 소망만 하고 있었던 것은 아닌가? 영화나 소설에서나 나올 법한 그런 만남이 나에게도 있었으면 좋겠다, 라는 식으로 말이다. 그렇다면 당신의 VD는 단지 소망만 하는 VD라고 할 수 있다.

R=VD 공식에 따르면 당신이 꿈꾸는 것은 현실이 된다. 즉 소망만 하는 VD는 소망만 하는 현실을 낳는다. 쉽게 말해서 당신이 여태까지 운명적인 인연을 실제로 한 번도 만나지 못하고, 그런 만남의 주인공이 되었으면 좋겠다, 라고 단지 소망만 하는 처지에 있게 된 것은 다름 아닌 당신 자신 때문이다. 다른 누구도 아닌 바로 당신 스스로가 무의식적으로 그런 VD를 하고 있었기 때문에 그런 현실이 나타난 것이다.

"다른 친구들은 좋은 이성을 잘도 만나는데 왜 나는 늘 맘에 안 드는 이성만 꼬이는 거야?" 라든가 "나는 도대체 언제쯤 내 마음에 쏙 드는 그런 사람을 만나게 될까?"라며 불평, 원망, 의심, 한탄을 하는 사람 또한 마찬가지다. 그런 사람은 무의식적으로 불평, 원망, 의심, 한탄의 VD를 해온 사람이다. 그러니 당연히 그런 현실을 만날 수밖에 없다.

글렌나 솔즈베리는 소망만 하는 VD와 부정적인 VD를 번갈아 가며 하는 사람이었다. 아니 그녀는 이런 VD를 할 수밖에 없는 처지였다. 그녀는 세 명의 딸을 키우는 이혼녀였고, 갚아야 할 대출금 이자 때문에 허리가 휠 지경이었기 때문이다. 사랑이나 결혼은 그저 사치일 뿐이었다. 그녀에게 중요한 것은 오로지 생존뿐이었다.

그러던 어느 날이었다. 그녀는 우연히 한 세미나에 참석해서 강연을 듣게 되었다. 강연자는 R=VD 공식과 앞서 소개한 연애와 결혼의 7단계 VD에 대해서 설명했다. 집으로 돌아오면서 그녀는 결심했다. 7단계 VD를 실천해보기로. 어차피 밑져야 본전이고, 손해 볼 일은 없다고 생각하면서 말이다.

다음날 아침이 밝자 그녀는 예쁜 종이에 자신이 원하는 남자에 관한 구체적인 사항들을 글로 적었다. 그리고 잡지를 뒤져서 사진을 오려 모으기 시작했다. 그녀가 모은 사진들은 다음과 같다.

1. 눈부시도록 잘생긴 남자.
2. 순백색의 웨딩드레스를 입은 신부와 멋진 턱시도를 차려입은 신랑.
3. 예쁜 꽃다발.
4. 다이아몬드 반지.

5. 눈이 부실 정도로 푸른 카리브 해의 섬.

6. 사랑스러운 집.

7. 고급 가구들.

8. 큰 회사의 부사장이 된 여자.

글렌나 솔즈베리는 이 사진들을 고급 앨범에 정리해두고 매일 시간을 내서 간절하게 들여다보았다. 그러면서 사진 속의 장면들이 현실이 되는 모습을 온 힘을 다해서 상상했다.

그로부터 약 2년 뒤, 글렌나 솔즈베리는 한 남자로부터 청혼을 받았다. 그는 어디를 가든 사람들의 이목을 집중시킬 만큼 잘생긴 남자였는데, 여자친구에게 꽃다발 선물하기를 좋아하고, 다이아몬드를 수집하는 취미를 가진 사람이었다.

두 사람은 글렌나 솔즈베리의 사진첩에 나와 있는 것과 거의 똑같은 웨딩드레스와 턱시도를 입고 결혼했고, 카리브 해에 있는 세인트존이라는 섬으로 신혼여행을 떠났다. 이때는 그녀가 남편에게 꿈의 사진첩에 관한 비밀을 털어놓기 전이었다. 그녀는 남편이 이상하게 생각할까 봐 결혼식을 올리고 약 1년 뒤에 비밀을 털어놓았다고 한다.

글렌나의 나머지 꿈도 모두 이루어졌다. 훗날 그녀의 남편 짐은 미국 동부에서 최고로 잘나가는 가구 도매상이 되었고, 덕분에 두 사람은 사진첩 속의 바로 그 집으로 이사해서 고급 가구들로 집을 가득 채웠다. 그리고 글렌나는 자신이 일하던 회사에서 인사 담당 부사장으로 승진했다.

믿기 어렵겠지만 글렌나 솔즈베리의 이야기는 실화다.[30] 그녀의 이야기는 텔레비전과 라디오를 비롯한 각종 대중매체를 통해 미국을 비롯한 전 세계에 알려졌다.

마음의 운명을 현실로 만든다

글렌나 솔즈베리는 R=VD 공식을 듣는 데서 끝내지 않았다. 그녀는 R=VD 공식을 자신의 삶에 적용했다. 그것도 자신이 할 수 있는 최선을 다해서 실천했다.

당신은 그녀의 VD가 실현되는 데 얼마나 걸렸을 것이라고 생각하는가? 앞에서 언급한 2년이라고 생각하는가? 아니다. 그 2년은 두 사람이 사귄 시간이다. 그녀의 VD가 실현되는 데 걸린 시간은 고작 8주에 불과했다. 그것도 고속도로 위에서 이루어졌다. 어느 날 글렌나 솔즈베리가 차창을 열어놓은 채 캘리포니아 고속도로를 달리고 있었는데 우연히 그 옆을 스쳐가던 운전자가 그녀를 보고 한눈에 반해서 무려 15마일 넘게 쫓아왔던 것이다. 남자의 이름은 당연히 짐이었다. 마음을 다한 진실한 VD의 효과는 이처럼 신속하고 정확한 것이다.

글렌나 솔즈베리와 당신을 한번 비교해보라. 당신은 이혼남 혹은 이혼녀인가? 당신에게 먹여 살려야 할 자식이 있는가? 만일 있다면 한 명인가, 세 명인가? 당신의 재정 상태는 어떤가? 갚을 길이 막막한 빚에 눌려 신음하고 있는가? 만일 그렇지 않다면 당신은 글렌나 솔즈베리보다 운명적인 사랑을 만날 수 있는 조건을 몇 배는 더 갖춘 사람이라고 할 수 있다.

하지만 현실은 전혀 다르다. 당신에게는 꿈속에서 그리던 바로 그 사람을 만날 기회조차 주어지지 않았지만 글렌나 솔즈베리는 꿈에 그리던 사람과 결혼해서 살고 있다. 당신과 그녀 사이에는 한 가지 차이점이 존재한다. 그녀는 R=VD 공식을 실천했지만, 당신은 실천하지 않았다.

당신이 진정으로 원하는 바로 그 사람을 만나서 결혼하고 싶다면, 지금부터라도 R=VD 공식을 실천해야 한다. 누누이 말하지만 당신의 현실을 만들어내는 것은 당신의 마음이다. 당신이 의식적으로 또는 무의식적으로 하는 VD말이다. 만일 지금부터라도 마음속으로 당신이 원하는 누군가를 생생하게 그리기 시작하면, 당신은 오래지 않아서 그런 사람을 만나게 된다. 그러니 지금부터라도 마음속으로 운명적인 만남을 생생하게 그리기 시작하라.

당신은 스스로 꿈꾸는 것만 얻을 수 있다.

06

고객의 마음을 움직이는 VD

두 그룹이 있다. 첫 번째 그룹은 다음 세 사람이다.

1. 입사한 지 고작 3주 만에 상사로부터 "자네처럼 고객 마음을 모르는 사람은 처음 봤네. 나가주게!"라는 말을 들은 남자.
2. 아는 사람이란 사람은 다 찾아다니면서 고객이 되어줄 것을 요청했지만 전부 거절당하고 풀이 죽어 있는 남자.
3. 고객과 함께 식사하는 것은 물론 고객에게 전화 거는 것조차 두려워하는 여자. 당연히 영업 실적도 최하위인 여자.

두 번째 그룹은 다음 세 사람이다.

1. 27세에 보험판매 수당만으로 백만장자가 되고, 현재 세계 각국에 무려 60개가 넘는 기업을 소유하고 있는 남자.
2. 연평균 1천여 대의 차를 팔아 세계 최고의 세일즈맨으로 무려 12년간 기네스북에 오른 남자.
3. 29세에 한 글로벌 대기업에서 영업 실적 세계 2위를 기록해 일본 최고의 세일즈우먼이라 불리는 여자.

첫 번째 그룹의 세 사람과 두 번째 그룹의 세 사람은 동일 인물이다. 즉 첫 번째 그룹의 미래가 두 번째 그룹이다.

두 그룹의 주인공인 폴 마이어, 조 지라드, 와다 히로미는 R=VD 공식을 실천한 결과 최고의 영업 왕이 될 수 있었다고 밝혔다. R=VD 공식이 고객 확보에 핵심적인 역할을 한다고 밝힌 사람은 비단 이 세 사람만이 아니다.

람세스 국제세미나협회의 설립자이자 회장이기도 한 이브라힘 엘피키는 《포춘》지 선정 500대 그룹을 대상으로 20여 년 넘게 세일즈 교육을 도맡아 세일즈 마스터라고 불린다. 그는 세일즈, 마케팅, 심리학 등의 분야에서 20여 개 이상의 학위를 취득했고, 이 세 분야에서 최고상을 수상한 이력을 갖고 있다. 그는 작고 허름한 호텔의 접시닦이에서 시작해 세계적인 초호화 호텔의

CEO가 된 인물이기도 하다.

즉 이브라힘 엘피키는 개인적인 판매 기법 말고는 딱히 내세울 것 없는 대다수 판매 왕들과는 달리 학문적 연구를 바탕으로 한 세일즈 이론을 펼치고 있다. 쉽게 말해서, 그의 고객 확보 기법은 학교 교육과정처럼 누구에게나 보편적으로 통용될 수 있는 것이라고 할 수 있다.[31]

콜롬비아대학교 심리학 교수를 거쳐 스탠포드대학교 심리학 교수로 재직하고 있는 캐롤 드웩 박사는 특히 사회심리학과 발달심리학 부문에서 세계적인 명성을 떨치고 있다. 그녀는 '마인드 세트'가 성공에 결정적인 영향을 미친다고 주장하고 있는데, 이는 무려 20여 년간의 연구 끝에 나온 결론이다. 마인드 세트는 VD를 만들어내는 심리 기제로 이해하면 된다. 캐롤 드웩 박사의 마인드 세트 성공론은 정통 학계에서 나온 연구 결과라는 데 그 가치가 있다.[32]

이브라힘 엘피키가 재야파 학자라면 캐롤 드웩은 정통파 학자라고 할 수 있다. 재야 학파와 정통 학파는 보통 상대방을 인정하지 않는다는 특징을 가지고 있다. 달리 말하면, 두 학파가 서로 인정하는 일치된 주제는 학문적으로나 이론적으로 흠이 없는 것이라고 할 수 있다. 재야파 이브라힘 엘피키와 정통파 캐롤 드웩은 다음 사실에 대해 동일하게 인정했다.

"세상에는 자석처럼 고객을 끌어당기는 힘을 가진 사람들이 있다. 이 사람들은 R=VD 공식을 실천하는 사람들이다. 한편으로 세상에는 굴러 들어온 고객마저 놓치는 불행한 사람들도 있다. 이 사람들도 R=VD 공식을 실천하면 바뀔 수 있다."

폴 마이어, 조 지라드, 와다 히로미, 이브라힘 엘피키, 캐롤 드웩으로부터 얻을 수 있는 교훈은 다음과 같다.

> ❶ 만일 당신이 관리자라면 매일 직원들과 더불어 R=VD 공식을 실천하라. 고객이 밀물처럼 밀려들 것이다.
>
> ❷ 만일 당신이 영업자라면 매일 개인적으로 R=VD 공식을 실천하라. 오래지 않아 고객의 홍수에 빠져버릴 것이다.

마음속을 성공의 기운으로 가득 채워라

고객의 비위를 맞추기 위해 마음에도 없는 미소를 짓거나 아첨에 가까운 말을 하지 마라. 생각처럼 고객이 들지 않는다고 전전긍긍하거나 애태우지도 마라. 이런 마음가짐은 당신에게 마음이 없는 고객을 불러들이고, 당신으로 하여금 언제나 고객 때문에 애태우고 전전긍긍하게 되는 상황을 맞이하게 만든다. 고객은 당신의 포장된 미소나 말에 속지 않는다.

영업을 개시하기 전에 잠시 시간을 내어 이런 VD를 하면 어떨까? 당신의 내부에서 고객을 향한 사랑과 감사가 따스하게 피어나는 그런 상상 말이다. 이런 VD를 지속적으로 하다 보면 당신은 고객을 진정으로 사랑하게 될 것이고, 고객에게 진정으로 감사하게 될 것이다. 당신의 그런 태도가 고객을 감동시키고, 이는 곧 단골 고객 확보로 이어짐은 두말할 것도 없다.

영업 실적 때문에 고민하고 걱정할 시간이 있다면 그 시간에 긍정적인 VD를 하라. 세상에는 전설적인 영업자와 가게가 얼마나 많은가! TV 스타 못지않은 열성 팬을 거느리고 하루하루 행복하게 영업하는 사람들, 마니아 고객을 수없이 많이 갖고 있는 가게들 말이다. 당신이라고 그런 영업자나 그런 가게의 주인이 되지 말라는 법은 없다.

인생의 진리는 단순하다. 당신은 당신이 상상한 것만 얻는다. 그러니 창조적이고 건설적인 상상을 하라. 걱정과 고민은 치워버려라. 희망과 믿음을 가져라. 영업 실적 때문에 숨넘어가도록 기뻐할 시간들이 곧 다가오리라.

고객에게 거절당했다고 실망하거나 좌절하는 것은 어리석기 짝이 없는 짓이다. 냉정하게 자신을 한번 돌아보라. 당신은 고객을 만나기 전에 온 마음을 다해 R=VD 공식을 실천했는가? 아닐 것이다. 그러니 당신이 거절당하는 것은 당연하다.

R=VD 공식을 실천하라. 매일 아침 일어나자마자 두 눈을 감고 판매에 성공한 자신의 모습을 그려라. 고객의 마음에 감동을 주는 상품과 서비스를 제공한 당신의 모습을 생생하게 그려라. 고객들이 당신의 진실한 친구가 되고 당신의 열렬한 팬이 되는 광경을 그리고 또 그려라. 고객들이 당신 때문에 행복해하고 삶의 의미와 보람까지 찾는 모습을 그려라.

출근길에도 같은 VD를 하라. 일하는 틈틈이 동일한 VD를 하라. 하루 중 짬이 날 때마다 성공 VD를 하라. 퇴근길에도 성공 VD를 하고, 잠들기 전에도 간절하게 성공 VD를 하라.

당신의 온 마음을 성공의 그림으로 가득 채울 때 비로소 현실 역시 같은 그림으로 채워지기 시작한다.

폴 마이어의 VD 프로그램

폴 마이어는 R=VD 공식을 고객 확보를 위한 교육 프로그램으로 만들어 전 세계에 보급한 인물이다. 그의 교육 프로그램은 10여 년의 연구와 검증을 토대로 만들어졌는데, 16개 언어로 번역되어 80개 이상의 국가에 공급되고 있다. 이 교육 프로그램은 영업에 실패한 사람을 단기간에 최고의 판매 왕으로 변화시킨 사례가 많은 것으로 유명하다.

백만장자 시절의 폴 마이어는 성공 비결을 묻는 사람이 찾아오면 그를 벤츠 대리점으로 데리고 갔다. 그러고는 벤츠 승용차 옆에 차 주인처럼 서 있을 것을 요구한 뒤 사진을 찍어 주었다. 사진이 나오면 폴 마이어는 이렇게 단언했다.

"사진 속의 이 사람이 진짜 자네라네. 매일 이 사진을 보면서 생생하게 꿈꾸게나. 멋지게 성공해서 벤츠의 주인이 된 자신의 모습을 말이야. 그러면 실제로 그렇게 될 걸세."[33]

폴 마이어의 말을 진지하게 실천한 사람들은 모두 성공했다고 한다.

사실 폴 마이어의 비법이 독창적인 것은 아니다. 세계 각국의 저명한 성공자들이 자신의 성공을 위해, 타인의 성공을 돕기 위해 보편적으로 사용한 성공 기법 중 하나에 불과하다. 일례로 미국의 성공한 금융가인 클로드 브리스톨 같은 사람은 폴 마이어보다 수십 년 전에 같은 비법을 처방해서 사람들을 판매 왕으로 변화시킨 바 있다.

폴 마이어가 백만장자에서 천만장자가 되고, 이어 억만장자가 되자 그의 성공 비결을 들으려는 사람들이 구름처럼 몰려들었다. 어느 날 그는 자신이 사람들에게 R=VD 공식을 전파할 때 짜릿한 희열을 느낀다는 사실을 깨달았다. 그래서 그는 미국 최고의 세일즈맨이라는 직함을 버리고 R=VD 교육 사업에 투신했다. 그렇게 세워진 회사가 세계적인 동기부여 회사 LMI이고, 그가 만든 프로그램이 EPL 코칭 과정이다.

나는 "돈을 벌기 위해서가 아니라 사람들에게 잠재된 무한한 가능성을 일깨우고 싶어서 이 사업을 시작했다"는 폴 마이어의 주장을 신뢰한다. 왜냐하면 그는 이미 억만장자여서 굳이 사람들을 교육하는 일을 하면서까지 돈을 벌 필요가 없기 때문이다. 또한 그는 매년 50억 원 이상 기부하는 사람이기 때문이다.[34] 즉 그가 보급하는 R=VD 교육 프로그램은 어느 정도 순수성이 보장되어 있다고 할 수 있다.

폴 마이어의 교육 프로그램은 우리나라에도 들어와 있다. 내가 알아본 바에 의하면 주로 CEO, 대기업 임원, 군 장성, 고위 공무원 등을 대상으로 소개되고 있다. 참가비도 만만치 않다. 수백만 원대다. 물론 경제적으로 여유가 있거나, 교육보다는 인맥 형성에 더 관심이 있거나, 의지가 약해서 혼자서는 도저히 R=VD 공식을 실천할 수 없는 사람이라면 고액의 수강료를 지불하고 이런 프로그램에 참가해도 무방할 것이다. 하지만 그렇지 않다면 이 책에 나오는 내용들만 실천해도 충분하다.

고객을 불러들이는 VD 기법

고객의 사랑은커녕 관심도 제대로 못 받던 처지에서 마니아 고객을 구름처럼 몰고 다니는 존재로 변화한 사람들은 하루에도 수십 번, 수백 번씩 '고객을 불러들이는 VD 기법'을 실천했다. 이 기법은 다음과 같다.

1. 고객을 진심 어린 미소로 당당하고 자신 있게 맞는 자신의 모습을 그린다.
2. 어떤 특이한 고객이 찾아와도 마침내 그 고객의 마음을 얻고 마는 자신의 모습을 그린다.
3. 고객이 한눈에 반할 정도로 좋은 제품과 서비스를 제공하는 자신의 모습을 그린다.
4. 고객들이 팬이 되어 지인에게 입소문을 내는 모습을 그린다. 그렇게 고객이 기하급수적으로 늘어나는 장면을 그린다.
5. 연말에 셀 수 없이 많은 고객으로부터 진심 어린 감사 인사를 받고, 자신 역시 감사 인사를 하는 장면을 그린다.

한편으로 그들은 R=VD 공식을 단계적으로 실천했다.

초창기에는 한 개의 제품을 성공적으로 판매하는 자신의 모습, 한 명의 고객을 팬으로 만드는 자신의 모습을 주로 그렸다. 이게 성공하면 두 개의 제품, 두 명의 열성적인 고객 순으로 수치를 점차 높여갔다. 초급과정 VD라고 할 수 있다.

판매가 서서히 궤도에 오르고, 마니아 고객이 점점 증가하는 시기에는 입소문을 통해 고객이 폭발적으로 늘어나는 장면을 주로 그렸다. 거래를 요청하는 고객의 전화가 전화기에 불이 날 정도로 걸려온다든지, 가게 앞에 고객들이 길게 줄을 서서 기다리는 장면 말이다. 중급과정 VD라고 할 수 있다.

성공적인 판매인에서 최고 판매 왕으로의 도약이 필요한 시기에는 모두가 고개를 가로젓는, 접근 불가능이라는 낙인이 찍힌 그런 악명 높은 사람이 이상하게도 나에게만은 마음의 문을 열고, 나의 이야기를 듣고, 나의 제품을 구입하고, 단순한 고객을 넘어 열성적인 팬으로 변화하는 그림을 주로 그렸다. 이어 많은 사람이 자신을 불가능을 모르는 판매 왕으로 인정하고 존경하는 장면을 그렸다. 고급과정 VD라고 할 수 있다.

경영자를 위한 VD 기법

만일 당신이 경영자라면 직원들의 온몸에서 특별한 기운이 나와 접촉하는 모든 사람을 열성 고객으로 변화시키는 광경을 생생하게 그려라. 만일 당신이 이 VD를 지속적으로 할 수만 있다면 당신은 저절로 직원들을 존중하게 될 것이다. 그리고 직원들은 고객을 존중하게 될 것이고, 이는 고객 감동으로 이어질 것이다. 그렇게 당신은 직원은 물론이고 고객의 마음에 감동을 주는 진정한 리더가 될 것이다.

노파심에서 덧붙이자면, 어떤 일이 있어도 직원들을 꾸짖거나 야단치지 마라. 그런 행동은 당신과 직원들의 마음속에 부정적인 VD만 가져다줄 뿐이다. VD는 R이 된다. 엎친 데 덮친다고, 직원들을 더욱 꾸짖고 야단치게 될 상황만 벌어질 것이다.

영업 실적표 같은 것도 벽에 붙여놓을 필요가 없다. 그렇게 직원들을 압박하고 괴롭혀봤자 그 스트레스가 그대로 고객에게 전해져 오히려 실적이 더 나빠질 뿐이다. 대신 직원들의 가능성을 일깨워주고 믿어주어라.

R=VD 공식은 집단으로 실천할수록 그 효과가 신속하고 강력하게 나타난다.

매일 아침 업무를 시작하기 전에 직원들과 손을 잡고 R=VD 공식을 실천하라. 직원들이 접촉하는 모든 사람을 열성적인 고객으로 만든 결과, 주문이 폭주해 행복한 비명을 지르는 장면을 생생하게 그려라. 매일 저녁 업무를 마감하기 전에도 같은 VD를 하라. 그러면 당신의 회사에 매일 기적 같은 일이 생길 것이다.

만일 당신이 경영자를 꿈꾸는 영업자라면 당신의 온몸에서 빛

같은 기운이 나와서 당신과 접촉하는 모든 사람을 당신의 열광적인 팬으로 변화시키는 상상을 하라. 단지 이런 상상을 하는 것만으로도 당신의 얼굴은 빛이 날 것이다. 마음에서 우러난 자신감은 사람을 변화시키는 법이다.

사람들은 그런 당신을 접한 순간, '이 사람이라면 믿을 수 있다'고 생각할 것이다. 사람들은 당신의 고객이 되는 것을 넘어 당신과 친구가 되고 싶어 할 것이다. 그리고 지인들에게 당신을 소개해줄 것이다. 내면에서 우러나오는 자신감은 사람을 사로잡는 매력이 있기 때문이다.

이런 황홀한 경험을 고작 하루 이틀로 끝내서는 안 될 것이다. 매일 최소 2회 이상, 시간을 정해놓고 R=VD 공식을 실천하라. 황홀하기 이를 데 없는 순간들이 끊임없이 당신의 삶을 노크할 것이다. 그리고 어느 순간, 당신은 거대한 조직을 이끄는 경영자의 자리에 올라 있는 자신을 발견하게 될 것이다.

Part 3

꿈을 느끼고 말하고 행동하라

• VD 기법 : 기본편 •

꿈이 이루어진다는 믿음을 지키는 것,
그것이 꿈을 믿는 사람의 태도이고
꿈은 바로 그런 믿음에 반응한다.

01

꿈을 시각화하라

: 사진 VD

NASA가 달에 사람을 보내는 계획을 처음으로 추진했을 때의 일이다. 어느 날 NASA는 세계적인 R=VD 전문가인 데니스 웨이틀리 박사를 초빙했다. 우주 비행사 후보들은 물론이고 달 착륙 계획에 관여한 모든 사람이 교육을 받아야 했다. 교육은 달 착륙선이 무사 귀환할 때까지 계속되었다.

당시 NASA는 특이한 일을 했다. 거대한 달 사진을 제작해서 아폴로 계획에 관련된 모든 곳에 도배를 했다. R=VD 공식의 전제 조건인 '생생하게'를 만족시키기 위해서였다. 그 결과 어떻게 되었을까? 예정보다 2년 일찍 인간을 달에 보내게 되었다.[35]

R=VD 공식은 생생하게 꿈꿀 것을 요구한다. 그런데 '생생하

게' 꿈을 꾸기란 쉽지 않다.

눈을 감고 마음속으로 스마트폰을 한번 떠올려보라. 하루에도 수십 번씩 눈으로 보고 귀에 갖다 대고 손가락으로 만지작거리는 물건이지만 정말 생생하게 떠올리기란 쉽지 않다. 이번에는 인터넷에 접속해서 컴퓨터 화면에 스마트폰 사진을 띄워보라. 그 사진을 보면서 스마트폰을 그려보라. 매우 생생하게 그릴 수 있을 것이다.

사진을 보면서 꿈꾸기를 하는 사람은 그렇지 않은 사람보다 몇 배는 더 생생하게 꿈꿀 수 있다. 즉 사진으로 VD를 하는 사람이 그렇지 않은 사람보다 몇 배 빨리 목표를 달성할 수 있다. NASA의 경우가 대표적인 예다. 사진으로 VD를 했기 때문에 인류 최고의 과학자와 수학자들이 예상한 시간보다 무려 2년이나 일찍 목표를 달성할 수 있었다.

로키 아오키의 VD

메르세데스 벤츠 자동차

아웃백 스테이크 하우스

자가용 비행기

맥도날드 체인점 100개

당신은 위의 네 가지 전부를 소유할 수 있다. 만일 당신이 위의 네 가지를 생생하게 꿈꿀 수만 있다면! 하지만 당신은 아마도 위의 네 가지를 소유할 수 없을 것이다. 위의 네 가지를 생생하게 꿈꿀 수 없을 것이므로.

그렇다면 만일 당신이 사진을 사용해서 위의 네 가지를 진실로 생생하게 꿈꾼다면, 당신의 모든 에너지를 위의 네 가지를 얻는 일에 쏟아 붓는다면 어떤 일이 벌어질까? 아마도 로키 아오키처럼 될 것이다.

지금으로부터 약 60여 년 전의 이야기다. 일본의 무명 프로레슬링 선수 로키 아오키가 미국에 갔다. 미·일 친선 레슬링 경기에 참가하기 위해서였다. 물론 들러리였다.

경기를 치른 로키 아오키는 미국에 남기로 결심했다. 패전의 흔적이 짙게 서린 일본과 달리 미국은 곳곳에 성공의 기운이 감돌고 있었기 때문이다.

로키 아오키가 어디서 누구로부터 R=VD 공식, 더군다나 사진으로 VD하기를 배웠는지는 알 수 없다. 어쩌면 그는 지금의 당신처럼 책을 통해서 접했을 수도 있다.

로키 아오키는 성공하고 싶은 열망이 상상을 초월할 정도로 강한 사람이었거나 정말로 순진한 사람이었을 것이다. 보통 사람 같으면 '뭐 그럴 수도 있겠지' 하고 넘어갔을 사진으로 VD하기를 진심으로 믿고 또 온 힘을 다해서 실천했으니 말이다.

로키 아오키는 롤스로이스가 갖고 싶었다. 성공의 상징처럼 느껴졌기 때문이다. 하지만 그의 수중에 있었던 돈은 고작 400달러. 롤스로이스를 하루 빌리는 데도 부족한 금액이었다. 그럼에도 불구하고 롤스로이스가 너무 갖고 싶었던 그는 무작정 롤스로이스 대리점으로 향했다. 그러고는 사진 몇 장을 찍었다. 로키 아오키에 관한 자료들을 검토해보건대 롤스로이스를 전, 후, 좌, 우에서 찍은 사진, 운전석에 앉아 핸들을 잡고 운전하는 사진, 롤스로이스 옆에 주인처럼 서서 빙긋 웃고 있는 사진 등을 찍었던 것 같다.

로키 아오키는 자신의 가게를 갖고 싶었다.

로키 아오키는 자가용 제트기를 갖고 싶었다.

로키 아오키는 전 세계 주요 도시 100여 곳에 체인점을 내고 싶었다.

첫 번째 소원은 물론이고 두 번째, 세 번째, 네 번째 모두 불가능한 소원이었다. 현실적인 관점으로 보면 로키 아오키가 꿈꿔서는 안 될 것들이었다. 하지만 그는 꿈을 꾸는 것을 선택했다. 그것도 아주 생생하게 꿈꾸기를!

로키 아오키는 롤스로이스 대리점에서 그랬던 것처럼 전 세계에 체인점을 낸 미국의 유명 가게들과 자가용 제트기 전시장에 가서 사진을 찍었다. 그러고는 다음과 같이 행동했다.

1. 매일 정해진 시간에 사진을 보며 R=VD 공식을 실천했다.
2. 어디를 가든 사진을 가지고 다녔다.
3. 짬이 날 때마다 사진을 펼쳐놓고 생생하게 꿈꾸었다.
4. 꿈을 현실로 만들기 위해 자신의 모든 에너지를 불살랐다.

그 결과 어떻게 되었을까? 베니하나1964년에 미국에서 시작된 철판구이 요리점이다. 전 세계 주요 도시 100여 곳에 체인점이 있다의 성공으로 롤스로이스를 갖게 되었고, 자가용 제트기를 타고 전 세계를 돌아다니는 사람이 되었다.[36]

당신이라고 해서 로키 아오키 같은 성공을 거두지 못할 이유가 어디에 있는가? 지금으로부터 약 60여 년 전의 로키 아오키와 현재의 당신을 비교해보라. 로키 아오키는 영어 한 마디 제대로 못 하는 상황에서 미국에 홀로 남겨졌다. 게다가 그동안 종사해온 프로레슬링 계를 떠난 상태였다. 한국말을 전혀 할 줄 모르고 한국에 아는 사람 한 명 없는 태국의 무명 킥 복서가 사업으로 성공하겠다며 한국에 남은 상황과 유사하다. 즉 당신은 백번 양보한다고 해도 60여 년 전의 로키 아오키보다 나은 상황에 있다. 이 말은 만일 당신이 지금부터라도 R=VD 공식의 한 테크닉인 사진으로 VD하기를 열정적으로 실천하기 시작한다면 로키 아오키 이상의 성공을 거둘 수 있다는 뜻이다.

모치즈키 도시타카의 사진 활용 성공법

일본의 모치즈키 도시타카는 사진으로 VD하기를 전문적으로 가르치는 사람이다. 그가 가르치는 원리는 간단하다.

1. 소망하는 것의 사진을 구하라.
2. 사진을 들여다보며 소망하는 것을 이미 얻은 것처럼 느껴라. 기필코 손에 넣겠다고 다짐하라. 매일 그렇게 하라.
3. 그러면 언젠가는 사진에 찍힌 것을 얻게 된다.

이것이 전부다.

예를 들어, 차를 타고 가다가 자신이 꿈꾸는 집과 비슷한 집을 발견하면 그 집 앞에서 사진을 찍고, 그 집을 이미 얻은 것처럼 느끼고, 그 집을 반드시 소유하고 말겠다는 굳은 결심을 하고, 사진을 항상 가지고 다니면서 틈날 때마다 들여다보면 진짜로 그 집을 소유하게 된다는 것이다.

심지어 그는 사진으로 VD하기를 열심히 하다 보면 때로는 아무런 노력을 하지 않아도 원하는 것을 얻게 된다고 주장한다. 사진 속의 집이나 자동차 같은 것들을 예기치 못한 누군가로부터 무상으로 선물 받을 수도 있다는 것이다.

모치즈키 도시타카의 '사진 활용 성공법'은 그의 인생 자체가 증거이기 때문에 신뢰할 수 있다. 사진 활용 성공법을 실천하기 전의 그는 빚쟁이였고, 정리해고 대상자였고, 이성에게 늘 차이는 사람이었다. 하지만 사진 활용 성공법을 실천한 지 3년 만에 1억2천만 원 이상의 연 수입을 올리는 사람이 되었고, 세미나실이 딸린 멋진 집의 주인이 되었는가 하면, 전국적인 유명인사가 되었고, 이상형인 여자친구를 만나서 결혼까지 하게 되었다.

참고로 말하면, 모치즈키 도시타카는 일본 전국을 순회하며 사진 활용 성공법을 가르쳐왔는데, 지금까지 이 기법을 열심히 따라 해서 실패한 사람은 없다고 한다.

사진 VD 기법

사진으로 VD하기 기법은 R=VD 공식의 Vivid[생생하게]를 만족시키기 위한 것이다. 내용은 아래와 같다.

❶ 소망하는 것의 사진을 구하라. 소망하는 사람의 사진도 좋다. 사진은 꼭 직접 찍을 필요도 없다. 잡지 같은 곳에서 오린 사진이어도 괜찮다.

❷ 사진을 항상 가지고 다닌다. 책상이나 냉장고 문 등에 붙여놓거나 수첩에 넣고 다니는 것은 기본이다. 핸드폰 액정 화면에도 띄워놓

고 컴퓨터 바탕 화면에도 깔아놓아라.

❸ 사진을 보면서 그것을 이미 얻었다고 느껴라. 이때 시각뿐 아니라 다른 감각까지 동원해서 느끼는 게 좋다. 그리고 그 느낌을 말로 표현하면 더욱 좋다. 예를 들어, 당신이 원하는 것이 당신 앞으로 발행된 10억 원짜리 수표라면, 10억 원짜리 수표 사진을 구한 뒤 그것을 보며 이런 식으로 말하는 것이다. "10억 원이라는 돈이 대단할 줄 알았는데, 종이 한 장에 다 들어가는구나. 뭐 어쨌든 수표 냄새 한번 좋네. 빳빳한 감촉도 아주 맘에 들고."

❹ 위와 같이 하면 예정보다 빨리 소망하는 것을 얻을 수 있다.

소망하는 것을 이보다 훨씬 빨리 얻고 싶다면 사진을 보면서 스스로에게 이런 질문을 던져볼 것을 권한다.

"이것을 얻으려면 나는 어떤 행동을 해야 하는가?"

이런 질문은 당신의 뇌에서 학습, 자기통제, 동기부여 등을 관장하는 RAS를 자극해 당신으로 하여금 소망하는 것을 얻기 위해 총력을 기울이도록 만든다. 소망하는 것을 얻을 수 있는 어떤 기회도 놓치지 않게 만든다.

예를 들어, 당신의 소망이 최고경영자가 되는 것이라면 그들 사진을 20장 정도 구한 뒤, 당신 사진을 중심으로 그들의 사진을 배치하라. 그리고 그 사진판을 보며 매일 스스로에게 이런 질문을 던져라.

"내가 이 사람들과 어깨를 나란히 하는 사람이 되려면 지금 어떤 행동을 해야 하는가?"

그러면 회사 일과 회사 사람들을 대하는 당신의 태도가 달라질 것이다. 그 결과 당신은 단순히 사진 VD를 실천하는 사람보다 몇 배 빨리 당신의 꿈을 이룰 수 있다.

동영상 VD 기법

'동영상으로 VD하기'는 '사진으로 VD하기'보다 더욱 강력한 효과를 발휘한다.

알다시피 우리나라 양궁 선수들은 세계 최고의 실력을 자랑한다. 여자 양궁의 경우, 한국에서 80위면 세계 5위나 마찬가지고, 한국 여자 양궁 국가대표로 선발되기가 올림픽에서 금메달 따기보다 더 어렵다는 말이 있을 정도다.

완벽한 성공이라는 표현이 전혀 어색하지 않은 우리나라 양궁 선수들의 성공 뒤에는 특수 심리훈련이라는 게 있다. 그중 하나가 동영상으로 VD하기다. 서울대 스포츠심리연구센터의 수석연구원이 양궁 올림픽 선수단을 위해 제작한 7분 2초짜리 동영상을 보자. 다음과 같은 순서로 구성되어 있다.[37]

1. 선수들이 경기장으로 이동할 때 보게 될 장면들이 나온다. 선수들이 타고 가게 될 버스의 내부, 버스가 이동하는 도로, 경기장 전경, 경기장 내부 연습실, 선수 대기실에서 경기장 내부로 연결된 통로, 빛이 환하게 비쳐오는 출구 등이 순차적으로 나온다.
2. 선수들이 경기장으로 향하는 출구를 걸어가며 긴장하는 장면이 나온다. 이때 "여유 있게 하자!"라는 음성이 들린다.
3. 경기장을 가득 채운 관객들의 모습이 보인다. 관객들의 환호와 열렬한 응원, 박수 소리가 들린다.
4. 최고의 컨디션으로 사선에 선 자신의 모습이 보인다. 이어 자신 있게 시위를 당기는 자신의 모습이 나온다.
5. 시위를 차례대로 떠난 12발의 화살이 모두 과녁의 정중앙을 완벽하게 꿰뚫는 장면이 나온다.

골프 역사상 전무후무한 대기록(PGA 챔피언십 5회 우승, US오픈 4회 우승, 마스터즈 대회 6회 우승, 브리티시 오픈 3회 우승, PGA 및 SENIOR 투어 '그랜드 슬램' 달성)의 보유자인 잭 니클라우스는 경기 직전에 반드시 하는 동영상으로 VD하기 덕택에 승승장구할 수 있었다고 밝힌 바 있다. 그것은 다름 아닌 자신이 날린 최고의 샷이 찍힌 동영상이었다.

참고로 덧붙이면, 전설의 골퍼라 불린 아널드 파머도 현역 시절 동영상으로 VD하기를 매일 실천했고, 현재 골프의 천재라 불리는 타이거 우즈 역시 동영상으로 VD하기를 매일 실천한다고 한다.

한번 생각해보라. 일분일초가 아까운 세계 최정상급 선수들이 왜 일부러 시간을 내서 동영상으로 VD하기를 실천하는 것일까? 이유는 두 가지다. 직접 몸으로 뛰는 훈련 이상의 효과가 있으며, 승리를 가져다주기 때문이다.

당신은 어떤 VD 습관을 가지고 있는가?

무일푼으로 시작해 세계적인 기업 교세라 인터내셔널을 세운 가즈오 이나모리는 거대한 성공의 비결을 묻는 질문에 이렇게 대답한 바 있다.

"거대한 성공을 거두기 위해서는 성공하고야 말겠다는 강렬한 열망이 당신의 잠재의식 밑바닥까지 스며들어야 한다."

세계적인 동기부여가들의 의견을 참고해서 말하면, 성공하고야 말겠다는 강렬한 열망은 사람이 마음속으로 성공을 꿈꾸는 순간 잠재의식의 표면에 도달한다. 사진을 보면서 구체적으로 성공을 꿈꾸면 잠재의식의 중간 지점에 도달한다. 동영상을 보면서 현실감각을 잃을 정도로 생생하게 꿈꾸면 잠재의식의 밑바닥까지 도달한다.

물론 사진이나 동영상을 사용하지 않고 마음속으로 꿈꾸는 것만으로도 성공하고야 말겠다는 강렬한 열망을 잠재의식의 밑바닥까지 보내는 사람들이 존재한다. 그리고 누구라도 10년 넘게 지속적으로 R=VD 공식을 실천하면 성공의 열망을 잠재의식의 밑바닥까지 보낼 수 있다. 어쩌면 당신이 이런 부류의 사람일지 모른다. 10년 이상 지속적으로 R=VD 공식을 실천할 수 있는 의지의 인물 말이다. 하지만 그런 사람이 아니라면, 좀 더 빨리 꿈을 이루고 싶다면, 사진이나 동영상으로 VD하기를 바란다.

세계적인 성공을 거둔 로키 아오키에게는 사진으로 VD하는 습관이 있었다. 세계 최정상에 오른 한국 양궁 선수단과 잭 니클라우스, 아널드 파머, 타이거 우즈에게는 동영상으로 VD하는 습관이 있었다.

당신에게는 어떤 VD 습관이 있는가? 아직 없다면 앞으로 어떤 VD 습관을 가질 계획인가?

무엇을 선택하든 기억하라. 당신은 오직 당신이 생생하게 꿈꾸는 것만 얻을 수 있다.

02

꿈의 현장으로 떠나라
: 장소 VD

지금으로부터 수십 년 전의 일이다. 오스트리아에 한 소년이 살았다. 몸이 허약해서 '말라깽이'라는 별명을 갖고 있었던 소년의 꿈은 근육질 사나이가 되는 것이었다. 그것도 세계 각국을 대표하는 근육 맨들이 참가하는 미스터 유니버스 대회에서 우승자가 되는 것이었다.

현실적인 시각으로 보면 말도 안 되는 소리다. 그래서 다들 소년의 꿈을 비웃었다. 하지만 소년은 꿈을 현실로 바꾸는 공식, R=VD를 알고 있었다. 소년은 매일 미스터 유니버스의 승자가 된 자신의 모습을 생생하게 꿈꾸었다.

간절히 바라면 이루어진다는 말은 다음 두 가지 경우를 포함하고 있다.

첫째, 바라는 것이 선물처럼 거저 주어지는 경우.

둘째, 바라는 것을 이룰 수 있는 능력이 주어지는 경우.

소년은 두 번째 경우였다. 소년이 마음의 눈으로 생생하게 바라보았던 꿈의 영상은, 소년으로 하여금 인간의 한계를 초월한 웨이트 트레이닝을 계속해나갈 수 있는 능력을 갖게 해주었다.

소년은 청년이 되었고 마침내 미스터 유니버스 대회에 참가할 수 있는 자격을 갖추게 되었다. 말라깽이라고 놀림 받던 처지에서 오스트리아 최고의 근육질 사나이가 된 것이다.

미스터 유니버스 대회장에 도착한 청년은 특이한 행동을 하기 시작했다. 틈만 나면 우승자의 포즈를 취하면서 대회장을 돌아다닌 것이다. 그러다가는 갑자기 멈추어 서서 진지하게 두 눈을 감았다. 이미 우승자가 되어 있는 자신의 모습을 생생하게 느끼기 위해서였다. 만일 당신이 그때 청년을 보았다면 미스터 유니버스 대회가 이미 끝났고, 청년이 우승자라고 믿었을 것이다. 청년의 행동은 그 정도로 확신에 차 있었다.

그 간절한 믿음의 힘 덕분이었을까? 청년은 진짜로 미스터 유니버스가 되었다. 청년이 사용한 VD 기법을 '장소 VD 기법'이라고 한다.

아널드 슈워제네거의 장소 VD

한국말을 할 줄 모르는 동남아시아계 사람이 한국에서 영화배우로 성공할 확률은 얼마가 될까? 그것도 주연배우로 성공할 확률이라면? 0%라고 해도 과언이 아닐 것이다. 실제로 우리나라에서 성공한 동남아시아계 영화배우는 없다.

그런데 그 동남아시아계 사람이 매일 온 힘을 다해서 R=VD 공식을 실천하는 사람이라면, 더 나아가 장소 VD 기법을 구사할 줄 아는 사람이라면, 확률은 몇 %까지 올라갈 수 있을까? 나는 100%라고 자신한다. 왜냐하면 생생하게 꿈꾸는 것은 무엇이든 이루어지기 때문이다. 그리고 장소 VD 기법은 정말 강력한 힘을 발휘하기 때문이다.

미스터 유니버스가 된 청년은 영화배우로 성공하고자 할리우드로 향했다. 이 문장만 읽으면 별로 실감이 나지 않을 것이다. 영화배우로 성공하겠다며 충무로로 향하는 인도 육상 챔피언, 파키스탄 기계체조 챔피언, 미얀마 역도 챔피언을 한번 생각해보라. 세 사람이 10년 뒤에 최민식, 송강호, 이병헌 같은 배우로 성장할 확률을 생각해보라. 청년의 경우가 이와 유사했다. 당연히 청년은 오디션에도 합격하지 못했다. 하지만 청년은 걱정하는 대신 할리우드 촬영장을 찾아다니면서 할리우드에서 가장 유명한 배우가 된 자신의 모습을 생생히 그렸다. 미스터 유니버스 대회에 참가했을 때 그랬던 것처럼 장소 VD 기법을 사용했다.

청년의 VD는 결국 이루어졌다. 아마 당신도 그가 열연한 영화를 한 편쯤은 보았을 것이다. 그의 이름은 아널드 슈워제네거, 대표작은 〈터미네이터〉 시리즈다.

아널드 슈워제네거가 장소 VD 기법을 실천한 것만으로 오늘날의 아널드 슈워제네거가 되었다고 단정 짓기에는 무리가 있지 않느냐는 질문이 나올 수 있다. 여기에 대해서는 그가 이미 답한 바 있다. 그는 이렇게 말했다.

"소년 시절부터 저는 제가 생생하게 꿈꾸는 모든 것을 얻을 수 있다고 진심으로 믿었습니다. 저는 그 사실을 의심해본 적이 단 한 번도 없습니다. 이런 마음가짐은 기적을 불러들입니다. 저는 처음 참가한 미스터 유니버스 대회에서, 이미 우승자가 된 나의 모습을 생생하게 그리면서 대회장 안을 부지런히 돌아다녔습니다. 영화배우로 진로를 바꾸었을 때도 마찬가지 방법을 사용했습니다. 그 결과 제가 꿈꾸었던 모든 것을 현실에서 얻을 수 있었습니다."[38]

참고로 말하면, 아널드 슈워제네거는 자신의 성공 비결을 묻는 질문에 늘 '장소 VD 기법'을 언급했지, 물리적인 노력의 힘은 언급한 적이 별로 없다. 아마도 그는 이런 메시지를 전달하고 싶었던 듯하다. 아무리 불가능하게 보이는 목표라도, 생생하게 꿈꾸면 그 목표를 달성하게 해주는 물리적인 것들은 저절로 생겨난다고.

장소 VD 기법

장소 VD 기법은 어떤 장소에 직접 가서 생생하게 꿈꾸는 것을 말한다. 알다시피 R=VD 기법의 전제조건은 '생생하게 꿈꾸기'다. 즉 생생함의 정도에 비례해서 효과가 나타난다. 마음으로 꿈꾸기와 사진으로 꿈꾸기는 '생생함' 면에서 장소에 직접 가서 하는 꿈꾸기를 따라갈 수 없다. 즉 장소 VD 기법은 셋 중 가장 강력한 VD기법이라고 할 수 있다.

오나시스와 월트 디즈니의 사례가 이를 실증해준다. 두 사람은 오랜 세월 동안 자기 분야의 왕이 되기를 강렬하게 꿈꾸었다. 하지만 그들의 꿈은 언제나 꿈에 머물러 있을 뿐이었다. 마침내 두 사람이 각각 선박시장과 할리우드로 직접 가서 열정적으로 꿈꾸기 시작하자 기적처럼 꿈이 이루어지기 시작했다.

장소 VD 기법은 다음과 같다.

1 꿈과 관련된 장소에 찾아가라.

❷ 그 장소에 머물면서, 꿈이 이미 이루어진 모습을 강렬하게 상상하라.

❸ 그곳에 지속적으로 찾아가서 VD하라. 마음속의 그림이 현실이 될 때까지.

장소 VD 기법을 사용해서 성공한 유명인사 중에는 세계적인 화장품 회사 에스테 로더사의 창업자 에스테 로더가 있다. 그녀는 특히 세 번째 기법을 성실하게 실천했다.[39]

알다시피 에스테 로더는 1인 기업으로 시작했다. 즉 생산자도 에스테 로더, 영업자도 에스테 로더였다. 그러다 보니 화장품 케이스를 화려하게 만들 수 없었다. 화장품 품질은 뛰어났지만 케이스는 조잡한 수준이었다. 플라스틱 통에 내용물을 넣고 뚜껑을 닫은 뒤 '에스테 로더'라는 마크를 붙인 정도였다. 당연히 사람들은 이 화장품의 가치를 몰랐고, 그녀는 화장품을 팔 길이 없어 미용실을 돌아다니면서 무료로 나눠줘야 했다.

당시 그녀의 간절한 소원은 플로렌스 모리스라는 여자가 경영하는 '애쉬 블롱드의 집'이라는 미용실에서 화장품 판매 코너를 갖는 것이었다. 이 소망을 이루기 위해 에스테 로더는 한 달에 한 번씩 그곳을 찾아가서, 자신의 화장품 판매 코너가 생기는 것을 생생하게 꿈꾸었다. 그녀가 언제까지 꿈꾸었을까? 플로렌스 모리스가 자기 입으로 "이스트 60번가에 새로 개업하는 제 살롱에서 화장품 판매 코너를 운영할 생각이 없나요?"라고 물어올 때까지였다.

일단 유명 살롱에서 화장품 판매 코너를 운영하게 되자 그녀는 자신만의 제국을 꿈꾸기 시작했다. 에스테 로더의 제국, 그것은 미국과 유럽을 비롯한 전 세계의 유명 백화점에 입점한 에스테 로더 화장품 코너였다.

하지만 현실은 만만치 않았다. 미국의 유명 백화점들은 에스테 로더를 만나는 것 자체를 거부했다. 그러나 그녀는 더 만만치 않았다. 그녀는 유명 백화점의 입점 담당자들을 찾아가서 자신을 만나줄 때까지 무작정 기다리고 또 기다렸다. 그러나 8시간, 10시간씩 기다렸다 담당자를 만나도 "지금은 공간이 없네요. 나중에 다시 오세요"라는 말을 듣는 게 고작이었다.

이런 기다림 속에서 에스테 로더가 무엇을 했을까? 그녀의 특기, 장소 VD 기법을 실천했다.

그녀는 백화점 의자에 앉아서, 마음속으로 수천 장의 그림을 그렸다. 입점 담당자가 기쁜 얼굴로 에스테 로더 화장품 코너를 마련해주고, 화장품을 써본 고객들 사이에 입소문이 나고, 고객들이 물밀듯이 밀려드는 그림을 진짜 현실이 될 때까지 지속적으로 그렸다.

알다시피 그녀의 VD는 모두 이루어졌다.

VD로 현실을 정복하라

꿈을 초고속으로 이루고 싶은 사람이라면 장소 VD 기법 중에서도 최고의 효과를 자랑하는, 리처드 폴 에반스의 기법을 실천할 것을 권하고 싶다.

리처드 폴 에반스는 작가 지망생이었다. 그의 꿈은 자신의 책을 세계적인 베스트셀러로 만드는 것이었다. 그는 자신의 꿈이 이루어진 모습을 생생하게 그리면서 열심히 원고를 썼지만, 안타깝게도 출판사들의 관심을 받지 못했다. 그의 원고를 읽어본 편집자들은 하나같이 "원고는 좋지만 팔릴 가능성이 거의 없다"며 출판을 거절했다. 출판사들의 거절은 몇 년 동안 계속되었다.

R=VD 공식에 따르면, 생생하게 꿈꾸는 것은 이루어져야 한다. 그런데 리처드 폴 에반스의 마음속 그림은 몇 년이 지나도 이루어질 기미조차 보이지 않았다. 아마도 평범한 R=VD 실천자였다면 이쯤에서 포기했을 것이다. 'R=VD 공식은 다른 사람이라면 몰라도 나한테는 아니구나'라고 단정 지으면서 말이다. 좀 특별한 실천자였다면 R=VD 공식을 좀 더 진지하게 실천하면서 계속 글을 썼을 것이다.

그런데 리처드 폴 에반스는 굉장히 특별한 R=VD 실천자였던 것 같다. VD가 현실에서 이루어지는 것을 기다리는 대신, 현실 속으로 쳐들어가서 자신의 VD로 현실을 정복해버렸으니 말이다.

꿈이 이루어지기를 학수고대하던 어느 날, 리처드 폴 에반스는 전미 서점협회가 〈뉴욕타임스〉 베스트셀러 저자들의 사인회를 개최한다는 소식을 접했다. 이 소식을 듣자마자 그가 취한 행동은 다음과 같다.

1. 자비로 책을 출판했다.
2. 그 책을 싸들고 사인회장으로 날아갔다.
3. 베스트셀러 저자들의 사인회가 열리고 있는 부스 옆에 자신의 부스를 열었다. 물론 서점협회 측의 허락 없이, 자기 마음대로.

그러자 사인회에 참가한 독자들이 리처드 폴 에반스가 자신들이 아직 알지 못하는 세계적인 작가라고 생각하고는 줄을 서서 사인을 받기 시작했다. 리처드 폴 에반스 역시 자신의 책이 세계적인 베스트셀러라고 소개하면서 사인을 해주었다〈뉴욕타임스〉 베스트셀러 저자들은 대부분 세계적인 저자들이다.

서점협회 측에서 볼 때 리처드 폴 에반스의 행동은 말도 안 되는 것이었다. 당연히 그들은 즉시 부스를 철거하고 돌아가줄 것을 요구했다. 여기에 대해 그가 어떻게 반응했을까? 그는 단지 이렇게 말했다.

"목이 좀 마릅니다. 시원한 음료수 한잔 부탁해요."

순간 서점협회 측은 당황하지 않을 수 없었다. 리처드 폴 에반스의 표정, 말투, 복장, 분위기, 태도 등이 세계적인 베스트셀러 작가들의 그것과 똑같았기 때문이다. 이제껏 세계적인 베스트셀러 작가들을 수도 없이 상대해온 그들이 그것을 모를 리 없었다. 결국 그들은 리처드 폴 에반스의 알 수 없는 어떤 힘에 정복당하고 말았다. 서점협회 측은 그에게 시원한 음료수를 서비스했고, 그의 사인회를 도왔으며, 그를 세계적인 베스트셀러 작가로 인정했다.

리처드 폴 에반스의 상상을 초월한 장소 VD는 과연 초특급 효과가 있었다. 다음 해에 그의 책, 《크리스마스 상자》가 진짜로 〈뉴욕타임스〉 베스트셀러 1위에 올랐고, 18개 언어로 번역돼 전 세계로 날개 돋친 듯 팔려나갔다.[40]

영화감독 스티븐 스필버그 역시 리처드 폴 에반스처럼 상상을 초월한 장소 VD를 사용해서 성공한 경우다. 서두에서 밝혔다시피 그는 무려 9년 동안 R=VD 공식을 실천하면서 영화감독이 되기를 소망했지만, 이루어지지 않았다. 마침내 그는 자신의 VD로 현실을 정복하기로 마음먹었다. 그는 리처드 폴 에반스처럼, 자신이 진정으로 존재하고 싶은 장소인 유니버설 스튜디오로 쳐들어갔다.

그가 너무도 당당했기에 누구도 그를 제지하지 않았다. 그가 빈 사무실에 '스티븐 스필버그 감독 사무실'이라는 간판을 내걸자 청소부가 청소를 해주었고, 경비원이 사무실을 지켜주었다. 또 그가 스튜디오 내에 있는 전화국을 방문해 내선번호를 요구하자 교환수가 즉시 번호를 내주었다. 스티븐 스필버그가 자신이 이미 유니버설 스튜디오의 감독이 되었다고 진심으로 믿었기 때문에 가능한 일이었다.

물론 그는 일주일에 세 번 정도 사무실에 들러서, 감독의 복장으로 갈아입고 영화 촬영장을 어슬렁거리면서, 이미 영화감독이 된 자신의 모습을 생생하게 꿈꾸는 일밖에는 달리 할 일이 없었다. 하지만 그의 특별한 장소 VD는 과연 특별한 효과가 있었다. 유니버설 스튜디오에 직접 머무르며 장소 VD를 시작한 지 2년 만에 자신의 영화를 극장에 내걸게 된 것이다.

만일 스티븐 스필버그가 직접 유니버설 스튜디오에 찾아가서 R=VD 공식을 실천하지 않았다면 어떤 일이 벌어졌을까? 아마도 그는 자신의 꿈을 이루기까지 최소한 두세 배 이상의 시간을 더 기다려야 했을 것이다.

꿈이 시키는 대로 느끼고, 말하고, 행동하라

당신에게는 어떤 꿈이 있는가? 그 꿈을 이루기 위해 당신은 무엇을 하고 있는가?

생생하게 꿈꾸면 이루어진다는 말의 '생생하게'에는 많은 의미가 들어 있다. 그중 하나는 당신이 진정으로 존재하고픈 장소에 가서 온 마음을 다해 R=VD 공식을 실천하는 것이다.

당신의 꿈이 최고경영자가 되는 것인가? 그렇다면 최고경영자가 되기 위한 물리적인 노력을 기울이면서, 정기적으로 시간을 내서 당신이 되고픈 최고경영자의 사무실을 찾아가라. 가서 그 사무실의 주인이 된 당신의 모습을 생생하게 꿈꿔라. 회사를 방문한 사람들이 당신을 진짜 최고경영자로 믿고 "저기, 사장님!" 하고 말을 걸어올 정도로, 사원들이 정중하게 인사를 해올 정도로 당당하게 처신하라.

당신의 꿈이 도시 한복판에 위치한 거대한 빌딩의 주인이 되는 것인가? 그렇다면 그 빌딩의 주인이 되기 위한 물리적인 노력을 기울이면서, 정기적으로 시간을 내서 그 빌딩을 찾아가라. 가서 이미 그 빌딩의 주인이 되어 있는 자신을 생생하게 느껴라. 빌딩 각 층의 이용자들이 당신을 보고 직감적으로 빌딩 주인이라고 생각할 정도로.

당신의 꿈이 당신의 능력으로는 불가능해 보이는 어떤 사람과 사귀고 결혼하는 것인가? 그렇다면 그 사람에게 지혜롭게 접근하면서, 그 사람과 연인이 되어 함께 가고픈 장소를 정기적으로 찾아가라. 가서 그 사람과 함께 하고픈 모든 그림을 생생하게 그려라. 실제로 그 사람과 함께 그 장소에 놀러온 것처럼 말하고 느끼고 행동하라. 한편으로 그 사람과 결혼식을 올리고픈 예식장을 찾아가서 그 사람과 결혼하는 모습을 생생하게 그려라. 아니 이미 그 사람과 결혼했는데, 마침 결혼식을 올린 예식장 앞을 지나가다가 잠시 들른 사람처럼 느끼고 말하고 행동하라.

당신이 진심으로 그렇게 느끼고, 말하고, 행동하면, 진짜로 그렇게 된다.

03

말하는 대로 현실이 된다

: 소리 VD

1990년, 병석에 누운 어머니를 보다 못한 한 젊은이가 50달러짜리 고물 승용차를 몰고 할리우드로 향했다. 배우로 성공해서 어머니를 제대로 보살피고 싶었기 때문이다. 그러나 현실은 만만치 않았다. 청년은 할리우드에서 거지가 되고 말았다. 햄버거 하나를 세 토막 내서 세 끼니를 겨우 때우고, 노숙을 하고, 공원 화장실에서 세수를 하는 나날이 이어졌다.

사람이 물에 빠지면 둘 중 하나를 선택하는 법이다. 포기하고 죽든가, 지푸라기라도 잡고 발버둥치든가. 청년은 후자를 택했다. 벼랑 끝에 몰리기 전에는 말도 안 된다고 생각했던 어떤 공식을 진심으로 믿고 실천하기 시작했다.

청년은 매일 밤 할리우드가 한눈에 보이는 언덕으로 올라갔다. 그러고는 도시를 내려다보면서 양팔을 쭉 뻗고 이렇게 소리쳤다.

"이 도시의 모든 사람이 나와 일하고 싶어 한다!"

"나는 좋은 배우다. 정말로, 정말로 좋은 배우다!"

"나는 최고의 감독들이 메가폰을 쥔 온갖 장르의 영화에 출연 요청을 받고 있다!"

이어서 자신의 말이 이루어진 모습을 생생하게 상상했다.[41]

소리 VD 기법

영화배우 짐 캐리가 무명 시절에 실천했던 위의 기법을 '소리 VD 기법'이라고 한다. 내용은 다음과 같다.

❶ 꿈이 이루어진 모습을 생생하게 꿈꾼다.

❷ 꿈꾼 내용을 말로 표현한다. 꿈이 이루어진 모습을 실제로 보고 있는 것처럼 상세하게 표현해야 한다. 만일 이 능력이 부족하다면 미리 종이에 적어두고 그 내용을 큰 소리로 읽는다.

❸ 말의 여운이 채 가시기 전에 다시 한 번 생생하게 꿈꾼다.

❹ 매일 30분 이상 앞의 과정을 반복한다.

* 혼자만의 공간에서 해도 무방하나, 꿈을 이루고픈 장소에 가서 하

면 더욱 효과적이다.

소리 VD 기법을 가장 잘 활용하고 있는 사람은 삼성그룹 이건희 회장이다.

이건희 연구자들이 전하는 바에 따르면 그는 꿈꾸는 사람이다. 사무실에도 잘 출근하지 않고 사람들도 잘 만나지 않는다. 대신 자택에 칩거하면서 미래를 생생하게 꿈꾼다.

그런 그가 사람들 앞에서 입을 열고 큰 소리로 말할 때가 있다. 오랜 시간을 들여 마음속으로 생생하게 그린 꿈이 마침내 눈앞에서 생물처럼 살아 움직일 때다. 그는 삼성그룹 회장으로 취임하자마자 전 임직원을 대상으로 이렇게 선포했다.

"그룹의 이익은 1조 원으로, 임직원의 급여는 지금보다 두세 배 수준으로 올리겠습니다."

이건희가 삼성그룹의 미래를 생생하게 꿈꾸면서 말로 선포했을 때, 사람들은 자신의 귀를 의심했다. 그도 그럴 것이 당시 삼성그룹의 이익은 2천억 원에 불과했기 때문이다. 하지만 이건희의 말은 곧 현실이 되었다.

에버랜드, 삼성의료원, 골프장, 미술관, 탁아소 사업 등을 시작할 때도 마찬가지였다. 아주 오랜 시간을 들여 생생하게 꿈꾼 뒤 마침내 그것이 눈앞에서 살아 움직이면, 전 직원을 상대로 선포했다. 이것을 가리켜 이건희의 '꿈의 청사진' 기법이라 한다.

먼저 말로 성공한 사람들

나는 소리 VD 기법을 사용해서 성공한 사람들에 대해 조사하다가 재미있는 사실을 하나 발견했다. 이들 중에는 짐 캐리처럼 꿈을 의식적으로 간절하게 말한 사람은 그리 많지 않았다물론 짐 캐리도 점점 그들처럼 변해갔을 것이다. 대신 꿈을 대수롭지 않게, 어떻게 보면 건방질 정도로 툭툭 내뱉는 습관을 가진 사람이 많았다. 다음 사례가 대표적이다.

김철호

기아자동차 창업주. 그는 자전거 안장을 만드는 일이 생업이었던 시절부터 꿈을 분명하게 그리면서, "나는 세계 최정상급의 자동차 메이커가 될 것이다"라고 말했다. 아무렇지도 않은 듯한 얼굴로, "나는 내년에 한 살 더 먹게 될 것이다"라고 말하듯이.[42]

손정의

초등학교 시절부터 소리 VD 기법을 실천했다. 그는 "나는 장래에 반드시 몇천, 몇만의 사람을 거느릴 거야"라고 말하며 미래를 강렬하게 상상했는데, 정말 아무렇지 않게, 그러니까 초등학생이 "학교 끝나면 엄마한테 과자 사달라고 할 거야"라고 하듯이 말했다고 한다.[43]

존 워너메이커

백화점 왕이라 불리는 사람이다. 소년 시절부터 사람들 앞에서 위대한 상인이 된 자신의 모습을 즐겨 말하기로 유명했는데, 대상인이 된 자신의 모습을 너무나 자연스럽게 말해서 사람들이 전혀 거부감을 갖지 않았다고 한다.[44]

혼다 소이치로

혼다자동차공업 창업주. 구멍가게 같은 공장을 운영하던 시절부터 틈만 나면 사원들에게 "우린 언젠가 세계 제일의 이륜차 제조사가 된다"라고 말했다. 그때마다 사원들은 당혹감으로 얼굴이 붉어지곤 했다. 현실적으로 말이 안 된다고 생각했지만 너무 대수롭지 않게 그 말을 내뱉곤 하는 사장 앞에서 차마 심중을 드러낼 수 없었기 때문이다.[45]

모리타 아키오

소니의 공동 창업자. 트랜지스터라디오를 1만 대도 팔지 못하던 시절, 블로바사라는 대기업으로부터 10만 대의 라디오를 주문 받았다. 단, 블로바사의 상표를 다는 조건이었다. 자금난을 벗어날 수 있을 뿐만 아니라 떼돈을 벌 수 있는 절호의 기회였지만 그는 아무렇지도 않은 듯한 말투로 이렇게 대답했다. "앞으로 50년 뒤 우리 회사가 당신네 이상으로 유명해질 것이기 때문에 거절합니다."[46]

이들에게서 배울 수 있는 점은 두 가지다.

첫째, 확신의 힘이다.

이들이 꿈을 대수롭지 않게 내뱉을 수 있었던 것은 그만큼 성공을 기정사실로 받아들였기 때문이다. 성공은 확신의 강도에 비례해서 찾아온다. 성공을 확신하지 못하는 사람은 성공할 수 있는 행동을 하지 못한다. 손에 들어온 기회조차도 놓친다. 결국 실패자가 된다. 그러나 성공을 확신하는 사람은 그 반대로 행동한다. 따라서 성공의 기회를 신속하게 붙잡을 수 있다. 즉 성공하고 싶다면 성공을 기정사실로 받아들여야 한다.

둘째, 성공을 확신하는 사람의 자세다.

감동적인 영화나 훌륭한 음식점을 접하고 주위 사람들에게 정신없이 입소문을 퍼뜨렸던 경험이 당신에게도 있을 것이다. 진심으로 좋다고 느꼈기 때문에 그랬을 것이다. 성공도 마찬가지다.

만일 당신이 성공할 거라고 진심으로 믿는다면, 당신은 시간이 날 때마다 주위 사람들에게 말할 것이다. 나는 성공할 것이라고.

말에는 힘이 있다. 친구나 가족 앞에서 "난 안 될 것 같다"는 실패의 말을 하면 실패가 찾아온다. 성공이나 실패에 대해서 별말 없이 살면 평범함 삶이 찾아온다. 반면 앞에서 예를 든 사람들처럼 성공을 말하면 성공이 찾아온다. 성공하고 싶다면, 사람들 앞에서 아무렇지 않은 듯한 얼굴로 "난 성공한다!"라고 말할 수 있어야 한다. 그들이 당신의 말을 어떤 태도로 듣든 상관없다.

앞의 두 교훈대로 살면 누구나 성공할 수 있다. 나는 권하고 싶다. 앞의 사람들처럼 살라고. 하지만 아직은 어렵다면 변화를 꾀하고, 성공을 부르는 문장을 몇 개 만들어서 매일 20~30회 이상 큰 소리로 반복하는 것도 좋다. 물론 그것이 이루어진 모습을 생생하게 그리면서.

이를테면, "나는 적극적인 사람이 될 것이다", "나는 최고경영자가 될 것이다", "나는 행복한 사람이 될 것이다" 같은 문장을 만들 수 있다. 이 방법은 강력한 효과가 있다. 당신의 삶이 그 말처럼 변화한다. 이는 과학적으로도 증명되었다. 뇌 과학자들에 따르면, 어떤 말을 반복해서 외치면 뇌는 점점 그 말을 믿게 된다. 그리고 그 말과 관련된 호르몬을 분비한다. 예를 들면, "나는 행복하다"고 반복해서 외치면 뇌가 행복을 느끼게 하는 호르몬을 분비한다. "나는 성공한다"라고 반복적으로 말하면 뇌가 집중력과 행동력을 유발하는 호르몬을 분비한다.

미국 시카고에 위치한 에이온 기업의 소유주 W. 클레멘트 스톤의 사례를 보자. 그는 매일 아침 직원들과 함께 "기분이 좋다. 몸이 상쾌하다. 날아갈 것 같다"라고 외치면서, 실제로 직원들과 함께 그렇게 느끼고 있는 자신의 모습을 생생하게 상상했다. 그러자 어떻게 되었을까? 기업이 초고속 성장을 거두었다. 직원들이 수십만 명으로 불어났고, 클레멘트 스톤은 억만장자가 되었다.[47] 아침마다 행복하게 회사 일을 시작하는 사장 아래 전 임직원이 고객을 웃는 얼굴로 대하고, 회사 일 역시 기쁘고 즐겁게 한 덕분이다.

당신의 말로 VD하라

세계적인 동기부여가 캐서린 폰더는 소리 VD 기법을 사용해서 가난한 사람들을 부자로 변화시키는 것으로 유명하다. 대표적인 사례로, 그녀에게 교육받은 한 가정부는 몇 년 만에 의류회사 최고경영자가 되었고, 한 증권회사 중개인은 불황 속에서 이익을 4배나 냈고, 100만 달러대의 공사밖에 수주하지 못하던 한 건설회사 사장은 오래지 않아 1억 달러대의 공사를 수주하는 사람이 되었다.

캐서린 폰더가 가르치는 소리 VD 기법의 핵심은, 자신의 꿈이 이루어진 모습을 생생하게 꿈꾸면서 그것을 하루 3번씩 5분간 큰 소리로 반복해서 말하는 것이다.[48]

저명한 교육심리학자 폴 그래그 박사는 존 데마르티니의 사례를 통해서 소리 VD 기법을 실천하면 누구나 기적 같은 삶의 변화를 이룰 수 있음을 증명했다.

7세에 학습 불능, 즉 저능아 진단을 받고, 14세에 결국 학교를 그만두고, 17세에 약물에 중독된 존 데마르티니를 알게 된 폴 그래그 박사는 존을 치료하면서 매일 수십 번씩 "나는 천재다. 나는 내 지혜를 활용한다"는 문장을 큰 소리로 외치게 하면서 이미 그렇게 사는 모습을 상상하게 했다. 존은 어떻게 되었을까? 휴스턴 대학에 입학했고, 박사가 되었고, 사회에 나와서는 기업을 대상으로 한 54개의 연수 프로그램을 만들었고, 13권의 책을 썼고, 세계적인 강연가가 되었다.[49]

폴 그래그 박사만큼 저명한 교육심리학자 프레스코트 레키 박사는 소리 VD 기법으로 수천 명의 열등생을 우등생으로 변화시킨 것으로 유명하다. 대표적으로 그는 영어시험에서 낙제한 학생에게 "나는 영어로 작품을 써서 문학상을 수상할 것이다"라고 말하며 VD하게 해서 실제로 문학상 수상자가 되게 만들었는가 하면, F학점으로 도배된 성적표를 받고 제적된 학생에게 "나는 전 과목에서 A학점을 받을 것이다"라고 말하며 VD하게 해서 실제로 콜롬비아대학교를 올 A학점으로 졸업하게 했다.[50]

짐 캐리 이야기로 마무리를 지어보자.

1990년의 짐 캐리와 당신을 한번 비교해보자. 둘 중 누가 더 성공할 가능성이 높을까? 분명히 당신일 것이다. 만일 당신이 매일 아침 공원 화장실에서 세수를 해야 했던, 노숙자로 살았던, 1990년의 짐 캐리보다 더 나쁜 상황에 처해 있지 않다면 말이다.

그런데 왜 짐 캐리는 세계적인 성공을 거둔 반면, 당신의 삶은 변화가 없는 것일까?

여러 면에서 차이점이 있을 것이다. 하지만 R=VD 공식의 관점에서 본다면 결정적인 차이점은 이것밖에 없다. 짐 캐리는 소리 VD 기법을 매일 진심을 담아 열정적으로 실천한 반면, 당신은 그렇지 않았다.

04

꿈이 이끄는 대로 써라

: 글 VD

윌리엄 제퍼슨 클린턴은 20세기에 가장 성공한 사람 중의 한 명이다. 그는 사회경제적으로 최하위층, 그것도 결손가정에서 태어났지만 32세에 미국 역사상 최연소로 주지사에 당선되는 기록을 세웠고, 보통 정치인이라면 이제 막 본격적인 활동을 시작할 나이인 46세에 세계 정치계의 정점이라고 할 수 있는 미합중국 대통령 자리에 올랐다.

이런 성공의 축복을 받은 사람이 인류 역사상 과연 몇 명이나 될까?

클린턴은 자서전《빌 클린턴의 마이 라이프》의 첫 페이지를 이렇게 시작하고 있다.

"법대를 갓 졸업하고 인생을 한번 제대로 살아보고 싶은 마음으로 가슴이 뜨거웠던 젊은 시절, 나는 즐겨 읽던 소설과 역사책을 잠시 옆으로 밀어두고 실용서 한 권을 사 보았다. 앨런 라킨이 쓴《시간과 인생을 통제하는 방법*How to Get Control of Your Time and Your Life*》이라는 책이었다.

이 책의 요점은 단기·중기·장기 인생 목표를 나열한 다음 중요도에 따라 구분을 해보라는 것이었다. A그룹에는 가장 중요한 것, B그룹에는 그다음으로 중요한 것, C그룹에는 마지막 목표들을 집어넣고, 각 목표마다 그것을 달성하는 데 필요한 구체적 행동을 적어야 했다.

나는 30년 가까운 세월이 흐른 지금까지 그 책을 갖고 있다. 그때 목표를 적은 종이도 어딘가에 있을 것이다. A그룹에 적었던 목표들은 지금도 기억한다."

클린턴은 미국 대통령을 두 번이나 지낸 사람이고, 퇴임한 지금도 세계에 특별한 영향력을 끼치고 있는 인물이다. 그런 대단한 인물이 왜 자서전의 첫 페이지를 목표를 글로 적는 이야기로 시작했을까? 그것도 자기계발서의 제목까지 언급해가면서.

클린턴의 마음속에 들어갔다 나오지 않는 이상 누구도 정확한 이유를 알 수 없을 것이다. 하지만 상식적인 추론은 가능하다. 그는 말하고 싶었던 게 아닐까? 자신이 거두었던 모든 영광스런 성공들은, 목표를 글로 적으면 이루어진다는 내용이 담긴 한 권의 자기계발서로부터 비롯되었다고.

1953년의 일이다. 미국 예일대학교는 졸업생을 대상으로 인생 목표와 그것을 달성할 계획이 적힌 종이를 갖고 있는지 물었다. 단지 3%의 학생들만 "그렇다"고 답했다. 20년이 흐른 1973년, 예일대학교는 1953년도 졸업생을 대상으로 조사를 했다. 그 결과 목표와 계획이 적힌 종이를 갖고 있었던 3%가 나머지 97%보다 훨씬 더 충만하고 행복한 감정을 느끼면서 살고 있다는 사실을 발견하게 되었다. 재정적인 측면에서는 더 놀라운 결과가 나왔다. 3%의 재산이 나머지 97%의 재산을 합친 것보다 많았다《USA 투데이》지는 2002년도 1월에 예일대학교와 비슷한 조사를 했다. 그들은 독자들을 대상으로 신년 계획에 대해 인터뷰를 했는데, 신년 계획을 글로 적어두는 사람들과 머릿속에 담아두는 사람들로 구분할 수 있었다. 1년 뒤인 2003년 2월 《USA 투데이》지는 다음과 같은 사실을 확인했다. 계획을 글로 적어둔 사람들의 목표 성취율이 그렇지 않은 사람들보다 무려 1,100%나 높았다 [51]

클린턴은 1973년 봄에 예일대 법대를 졸업했다. 아마도 그는 1953년도 졸업생에 대한 조사 결과를 학교를 졸업한 뒤에 접한 것 같다. 그리고 곧바로 앨런 라킨의 책을 구입하고 목표를 글로 적었던 것 같다.

성공하는 사람들은 과연 다르다. 그들은 귀로 들으면 즉시 행동으로 옮긴다.

그런데 이쯤에서 한 가지 의문이 생긴다. 목표를 종이에 적는 것을 그토록 강조한 클린턴은 왜 "그때 목표를 적은 종이도 어딘가에 있을 것이다"라고 했을까? 이것은 그가 목표를 적은 종이를 소홀히 다루었다는 인상을 준다. 하지만 의문은 쉽게 풀린다. 그의 자서전 마지막 페이지에는 이렇게 적혀 있다.

"내 이야기로 돌아오자. 나는 지금도 젊은 시절에 세웠던 인생 목표를 달성하기 위해 노력하고 있다."

이를 통해 우리는 추리해볼 수 있다. 클린턴의 '종이에 목표 적기 습관'은 예일대 법대를 졸업하고 대통령을 퇴임한 지금까지도 계속되고 있다고. 틈날 때마다 자신의 목표를 새 종이에 적고 있는데, 폐지나 마찬가지 상태인 30여 년 전의 종이를 구태여 가지고 다닐 이유가 없는 것이다.

즉 클린턴의 이 말은, 젊은 시절에 세웠던 인생 목표들을 새로운 종이에 계속해서 적으면서, 그 목표들을 달성하기 위해 노력하고 있다는 의미로 받아들일 수 있다. 이러한 추론이 가능한 것은 클린턴이 R=VD 마니아이기 때문이다.

클린턴은 초등학교 시절부터 "나는 대통령이 될 거야"라고 공언하고 다녔고, 청소년 시절에는 케네디 대통령과 함께 찍힌 자신의 사진을 보면서 백악관의 주인이 되는 것을 생생하게 꿈꾼 것으로 유명하다.

정리하자면, 클린턴은 '소리 VD 기법'을 초등학교 때부터, '사진 VD 기법'은 15세부터, '글 VD 기법'은 27세부터 실천한 사람이다.

글 VD로 꿈을 이룬 사람들

꿈이 이루어진 모습을 생생하게 그리면서 그 꿈을 글로 적으면 이루어진다는 이야기는 사실 널리 알려진 R=VD 기법 중의 하나다. 이 기법을 실천해서 꿈을 이룬 대표적인 사람들을 알아보자.

조지 워싱턴

"나는 아름다운 여자와 결혼할 것이다. 나는 미국에서 가장 큰 부자가 될 것이다. 나는 군대를 이끌 것이다. 나는 미국을 독립시키고 대통령이 될 것이다."[52]

미국 건국의 아버지 조지 워싱턴은 열두 살 때부터 위의 목표를 글로 적으면서 생생하게 꿈꾸었다.

이소룡

"나는 미국에서 최고의 대우를 받는 첫 동양인 스타가 될 것이다. 나는 1970년부터 세계적인 명성을 얻을 것이고, 1980년까지

천만 달러를 벌 것이다."

이소룡이 친필로 작성한 이 종이는 뉴욕 플래닛 할리우드에 소장되어 있다.

비틀스

"존과 나는 거의 언제나 공책을 펼쳐놓고 나란히 앉곤 했다. 완전히 누더기가 되어버린 그 공책은 지금까지 소중히 간직하고 있다. 첫 페이지 상단에 '레넌과 매카트니의 오리지널'이란 제목을 붙이고 생각나는 대로 무엇이든 써두었다. 공책 한 권이 그렇게 빽빽이 채워졌다. 다음 세대에는 우리가 최고의 밴드가 될 거라는 꿈으로 가득 채워진 공책이었다. 그리고 우리는 그 꿈을 이루어냈다."

비틀스 멤버 폴 매카트니가 한 말이다. 작가 래리 레인지가 쓴 《오만한 CEO 비틀스》라는 책에 있는 내용이다. 래리 레인지에 따르면 폴 매카트니는 이렇게 단언했다고 한다.

"꿈을 글로 적는 습관이 비틀스의 성공에 커다란 역할을 했다."

스콧 애덤스

"나는 신문에 만화를 연재하는 유명한 만화가가 될 것이다."

만화가를 꿈꾸었지만 공장에 취직하게 된 스콧 애덤스는 자신의 꿈이 이루어진 모습을 생생하게 그리면서, 매일 종이에 15번씩 이렇게 적었다. 마침내 신문에 만화를 연재하는 꿈이 이루어지자 이번에는 매일 15번씩 "나는 세계 최고의 만화가가 되겠다"라고 적었다. 현재 그의 만화는 전 세계 2천여 종의 신문에 연재되고 있다. 그는 지금도 매일 15번씩 종이에 이렇게 적고 있다고 한다. "나는 퓰리처상을 받을 것이다."[53]

이나모리 가즈오

"월 매출 10억 엔을 달성하고, 모두 하와이로 여행 갑시다!"

연 매출이 5~6억 엔이던 시절, 이나모리 가즈오는 플래카드에 위와 같이 적어 회사 입구에 걸어놓고는, 전 직원과 함께 꿈이 이루어진 모습을 생생하게 그렸다. 월 매출 10억 엔의 꿈은 오래지 않아 이루어졌다. 참고로 이나모리 가즈오의 회사는 이때를 기점으로 대기업으로 성장했다.[54]

손정의

"나는 우리 회사를 5년 안에 100억 엔, 10년 안에 500억 엔, 그 뒤로는 수조 원대 규모의 자산가치를 지닌 기업으로 성장시킬 것이다."

1980년 2월, 아르바이트생 두 명을 데리고 유니슨 월드를 차리면서 손정의는 이와 같이 종이에 적고, 선언했다. 당시에 그는 아르바이트생에게 월급도 제대로 주지 못하는 처지였다.

글 VD 기법

'글 VD 기법'은 쉽고 간단하다.

> ❶ 꿈의 노트를 한 권 마련한다.
>
> ❷ 노트에 꿈을 적는다.
>
> ❸ 적으면서 또는 적은 내용을 소리 내어 읽으면서, 꿈이 이루어진 모습을 생생하게 그린다.

이 세 가지가 전부다. 좀 더 자세한 설명을 바라는 사람들을 위해 덧붙여보겠다.

1. 꿈의 노트는 어떤 노트라도 좋다. 꼭 노트일 필요도 없다. 다이어리나 연습장 같은 것도 좋고 이면지 묶음이나 포스트잇도 괜찮다. 한글 워드 파일을 사용해도 좋다. 중요한 것은 노트가 아니라 꿈을 글로 적는 행위이기 때문이다.
2. 꿈은 많이 적으면 적을수록 좋다. 30가지든 100가지든 상관없다. 이루고 싶은 꿈을 모두 적어라. 되도록 과감하고 대

담하게 적을 것을 권한다. 참고로 나는 노트를 세 부분으로 나누어서, 첫 번째는 개인적인 소망, 두 번째는 가족을 위한 소망, 세 번째는 사회와 국가와 인류를 위한 소망을 적을 것을 권한다. 적는 행위는 대체적으로 한 번이면 족하나, 만화 《딜버트》의 작가 스콧 애덤스가 매일 15번씩 반복적으로 적었던 것처럼 매일 꾸준히 적으면 더욱 좋다. 매일 꾸준히 반복적으로 적으면 더욱 신속하고 강력한 효과를 볼 수 있다.

3. 노트에 적은 내용을 최소 하루 한 번 이상 읽으면서, 꿈이 이루어진 모습을 생생하게 그린다. 오감을 동원해서 생생하게 느껴야 한다. 명심하라. 꿈이 이루어지는 속도는 당신이 느끼는 생생함에 비례한다.

글 VD 기법을 실천할 때 유의해야 할 두 가지 원칙이 있다.

첫 번째 원칙은 누가 무슨 말을 하든, 꿈의 노트에 적은 내용이 반드시 이루어진다는 것을 진심으로 믿어야 한다. 그 믿음을 지킴으로써 당신에게 어떤 불이익이 온다 해도 기쁘게 감수해야 한다. 그게 꿈을 믿는 사람의 태도이고, 꿈은 바로 그런 사람의 믿음에 반응하기 때문이다.

수십 년 전의 일이다. 미국의 한 고등학교 선생님이 자기 반 학생들에게 어른이 되면 이루고 싶은 꿈을 써오라는 숙제를 냈다.

아이들은 미래의 꿈을 노트에 열심히 적어서 제출했다. 하지만 담임선생님이 보기에는 황당하기 이를 데 없는 꿈들이었다. 철없는 10대 시절에나 가져볼 수 있는 비현실적인 꿈들이었다.

담임선생님은 교육적 간섭이 필요하다고 생각했다. 아이들에게 현실적인 안목을 길러주어야 한다고 판단했다. 그는 아이들에게 꿈의 노트를 되돌려주면서 현실적인 꿈을 적을 것을 요구했다. 아이들은 담임선생님의 마음에 들도록 꿈을 새로 적었다. 가정환경, 학교 성적 같은 현실적인 잣대에 비추어 보아 충분히 이루어질 법한 꿈들을 적었다. 그리고 선생님으로부터 A플러스 혹은 A를 받았다.

그런데 먼티라는 아이는 꿈의 노트를 한 글자도 고치지 않고 그대로 제출했다. 그의 노트 첫 페이지 상단에는 이렇게 적혀 있었다.

"나는 200에이커약 24만 평에 달하는 목장을 소유한 사람이 될 것이다. 나는 경주마 트레이너를 고용하는 사람이 될 것이다. 나는 서러브레드 순종 경주마를 기르는 사람이 될 것이다."

그 밑에는 목장의 조감도가 생생하게 그려져 있었다. 다음 페이지에는 목장의 구조가 자세하게 적혀 있었고, 그다음 페이지에는 목장에서 기르게 될 가축과 목동의 수가 구체적으로 적혀 있었다. 이런 식으로 미래에 자신이 소유하게 될 목장에 관한 사항들이 총 7페이지에 걸쳐 상세하게 적혀 있었다.

담임선생님은 어이가 없었다. 자신의 선의가 무시당한 것에도 화가 살짝 치밀었다. 그는 먼티에게 차갑게 말했다.

"이봐, 먼티. 네 마음은 이해해. 나도 네 나이 땐 커다란 꿈을 꾸었었지. 하지만 말이야. 꿈은 현실이 될 수 없기 때문에 꿈인 거야. 네가 처한 현실을 한번 생각해봐. 너는 지금 엄마도 없이 아빠랑 단 둘이 트럭 뒤 칸에서 살고 있잖아. 게다가 네 아빠는 이 목장 저 목장 떠돌면서 잡일을 하고 있어. 그런데 네가 무슨 수로 목장을 살 수 있겠니? 네가 어디서 무슨 돈이 나서 경주마를 구입하고, 수십 명에 달하는 트레이너와 목장 노동자에게 매달 월급을 줄 수 있겠니? 백번을 다시 생각해봐도 말이 안 돼. 그런 일은 있을 수 없어. 선생님이 다시 기회를 줄게. 이 페이지들은 전부 찢어버리고, 새로운 꿈을 적으렴. 네 처지에 맞는, 실현 가능한, 상식적으로 납득할 수 있는 꿈을 적으란 말이야. 만일 그렇지 않으면 난 네게 F를 줄 수밖에 없단다. 허황된 소리들만 잔뜩 적혀 있는 리포트에 어울리는 점수는 F밖에 없으니까."

다행스럽게도 먼티는 담임선생님의 의견에 동의하지 않았다. 대신 그는 확신에 찬 어조로 이렇게 말했다.

"선생님, 저는 꿈을 글로 적고 생생하게 꿈꾸면 반드시 이루어진다는 말을 믿어요. 제게 F를 주세요. 전 학교 점수보다 제 꿈이 더 중요해요."

담임선생님은 고개를 절레절레 흔들었고, 먼티는 F를 받았다.

미국 캘리포니아 주에는 'Flag is up Farms'라는 목장이 있다. 고등학생 먼티의 꿈의 노트에 적힌 내용들이 거의 완벽하게 구현된 이 목장의 주인은 당연히 먼티다.[55]

두 번째 원칙은 꿈의 노트를 항상 소지하고 다녀야 한다는 것이다. 노트가 너무 두꺼워서 갖고 다니기 곤란하다면, 일단 두꺼운 노트에 꿈을 적은 뒤, 작은 수첩에 옮겨 적어서 가지고 다니면 된다. 작은 메모지 한 장 정도에 꿈의 목록이 전부 들어가는 경우라면, 메모지에 적어서 지갑에 넣어 가지고 다녀도 좋다. 우주에 존재하는 모든 것이 그렇듯이 꿈 역시 자신을 소중하게 여기는 대상에게로 기울고, 자신을 한 몸처럼 여기는 사람을 위해 헌신하기 때문이다.

올림픽 10종 경기 금메달리스트인 브루스 제너가 1996년 애틀랜타 올림픽을 앞두고, 올림픽 10종 경기 대표선수 지망생들을 대상으로 강연을 했을 때의 일이다. 브루스 제너가 강연 도중 이렇게 물었다.

"여러분 중에 꿈의 노트를 가지고 있는 사람이 있습니까? 그 노트를 보면서 꿈이 이루어진 모습을 매일 생생하게 그리는 사람이 있습니까?"

그러자 대표선수 지망생 전부가 손을 번쩍 들었다.

브루스 제너가 다시 질문했다.

"그렇다면 지금 이 순간 꿈의 목록을 적은 종이를 가지고 있는 사람이 있습니까?"

이번에는 오직 한 사람만이 손을 들었다.

1996년 애틀랜타 올림픽 10종 경기에서 금메달을 딴 사람은, 브루스 제너의 두 번째 질문에 손을 들었던 댄 오브라이언이다.[56]

세계적인 영화배우 짐 캐리도 이 원칙을 철저하게 지킨 것으로 유명하다. 길고 혹독한 무명 시절을 보내던 어느 날, 짐 캐리는 글 VD 기법에 대해 듣고는 즉시 수표 용지 한 장을 구했다. 그러고는 이렇게 적었다.

지급 기한 : 1995년 추수감사절까지

지급 금액 : 1천만 달러

지급하는 사람 : 할리우드 영화사

지급받는 사람 : 짐 캐리

짐 캐리는 이 수표 용지를 지갑 속에 넣어 가지고 다녔고, 매일 수시로 들여다보면서 영화 출연료로 1천만 달러를 받는 자신의 모습을 생생하게 꿈꾸었다.

짐 캐리는 1995년에 실제로 영화 출연료로 1천만 달러를 받았다. 추수감사절 전이었고, 영화 제목은 〈마스크〉였다.[57]

Part 4

꿈 너머의 꿈이 현실이 되다

• VD 기법 : 심화편 •

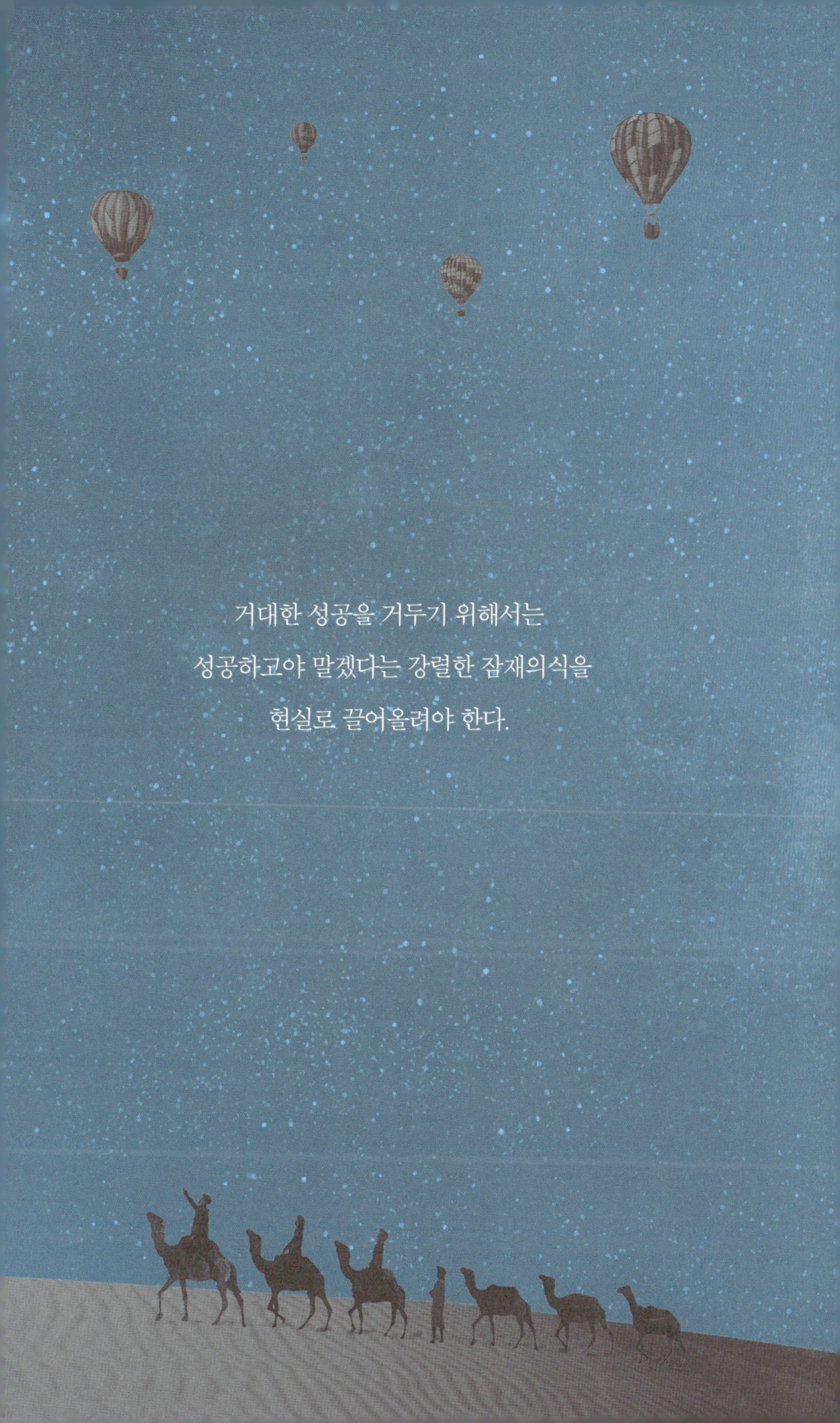

거대한 성공을 거두기 위해서는

성공하고야 말겠다는 강렬한 잠재의식을

현실로 끌어올려야 한다.

01

꿈을 이룬 사람들의 파티

: 파티 VD 기법

'미래의 백만장자 파티'에 대해서 들어보았는가? 형식은 일반 파티와 같다. 칵테일 또는 음료 등을 마시면서 친목을 도모하고, 인간관계를 넓힌다. 다만 좀 특이한 점이 있다면 참가자들이 실제로는 백만장자가 아닌데 파티가 진행되는 내내 자신을 백만장자라고 소개하고, 백만장자처럼 행동한다는 것이다.

예를 들어, 당신이 그 파티에 참가했다고 하자. 그러면 당신은 자신을 소개할 때 이런 식으로 말해야 한다.

"안녕하세요. 이번에 무슨 사업으로 백만 달러를 번 아무개입니다."

그러면 사람들이 감탄하며 질문한다.

"정말 대단하시군요. 그런데 혹시 백만 달러를 버는 중에 위기 같은 것은 없었습니까?"

당신은 감사하다고 말하면서, 백만 달러를 벌기 위해 노력하다가 위기에 처했던 일과 그 위기를 벗어나기 위해서 어떻게 사고하고 행동했는지를 설명한다.

당신의 말을 청취한 사람들은 존경의 표시로 박수를 치고, 수첩에 당신의 말을 기록하고, 녹음기에 당신의 경험을 녹음한다. 이때 또 한 무리의 사람들이 당신에게 질문한다.

"당신은 그 백만 달러를 어떻게 쓰고 있습니까?"

당신은 백만 달러를 가지고 무엇을 구입했고, 어디에 투자했으며, 통장에 얼마가 남았는지 등을 자세하게 설명한다. 당신의 말이 끝날 때쯤 누군가가 모금함을 들고 당신에게 다가와서 말한다.

"저는 한 국제구호단체에서 기부금 모금을 맡고 있습니다. 굶주림으로 죽어가고 있는 아프리카 아이들을 위해 기부를 해주실 수 없겠습니까?"

당신은 그의 제안에 흔쾌히 응하면서, 주머니에서 수표책을 꺼내 10만 달러를 쓴 뒤 모금함에 넣는다. 사람들은 우레와 같은 박수로 당신의 선행을 칭찬한다.

이런 식으로 참석자 전원이 자신이 어떻게 백만 달러를 벌었고 어떻게 쓰고 있다는 것을 순서대로 발표하고, 다른 참석자들은 그에게 박수를 쳐주고, 그의 말을 기록하고, 그와 기념사진을 찍는 등 분위기를 고조시킨다.

이 파티 이야기를 처음 접했을 때, 나는 '이게 웬 방정인가?' 하고 생각했다. 하지만 로리 베스 존스를 비롯한 세계적인 자기계발 전문가들이 이런 모임의 효과에 대해서 긍정하고 있다는 사실을 접하고는 생각을 고쳐먹게 됐다.

지금은 세계적인 유명 인사가 된 로리 베스 존스는《사명선언문, 새로운 인생으로 승부한다》에서 평범한 직장인이었던 시절, 독특한 방법으로 진행된 한 금전관리 강좌에 참여했던 자신의 경험을 이야기하고 있다.

강사는 참석자들에게 명찰을 하나씩 나눠준 뒤 벌고 싶은 돈의 액수를 적으라고 했다. 로리는 좀 당황스러웠던 것 같다. 금전관리 강좌에서 돈을 벌고 관리하는 실제적인 방법은 가르쳐주지 않고 대뜸 명찰 위에다 앞으로 벌고 싶은 돈의 액수를 적으라고 하니까 말이다. 그래서 머뭇거리고 있는데 강사가 옆으로 다가와서 왜 액수를 쓰지 않느냐고 물었다.

"얼마나 써야 하는지 모르겠는데요."

"로리, 여기에 적는 액수는 틀린 답이라고는 없는 거예요. 왜 그냥 생각나는 대로 쓰지 않는 거죠?"

둘 사이에 이런 대화가 오갔다. 마침내 그녀는 위기를 벗어날 요량으로 약간 경박스럽게 덜렁대면서 큰 소리로 이렇게 말했다.

“새해에는 8만6천 달러를 벌고 싶어요.”

그러자 다른 수강생들이 반드시 그렇게 될 거라고 격려하면서 열정적으로 박수를 쳐주었다.

로리 베스 존스는 1985년 말에서 1986년 초까지 약 5주 동안 그 강좌에 참석했는데, 그때마다 벌고 싶은 돈의 액수가 적힌 큼지막한 명찰을 가슴에 차고 돌아다녀야 했다. 그러면 다른 수강생들은 이렇게 말해주었다.

“우와, 당신은 올해 8만6천 달러를 벌었군요. 열심히 일한 덕분이겠죠. 수고하셨습니다.”

그때마다 그녀는 약간 우쭐대는 듯한 얼굴로 이렇게 대답해야 했다.

“그래요. 하지만 생각했던 것보다는 훨씬 쉬웠답니다.”

그러고는 상대방의 명찰에 적힌 돈의 액수를 보면서 같은 덕담을 건넸다.

실제로는 어떻게 되었을까? 강좌를 수료한 지 한 달도 못돼서 실업자가 되는 아픔을 겪기도 했지만, 결국에는 그해에 8만6천 달러 이상의 수입을 올리게 되었다고 한다. 이는 그 전 해의 세 배에 달하는 수입이었다.

10년 뒤 미래의 모습으로 참석하는 파티

노골적으로 돈을 추구하는 미래의 백만장자 파티가 부담스럽게 느껴진다면 '10년 뒤 미래의 모습으로 참석하는 파티'에 관심을 가져볼 만하다. 이 파티도 형식은 보통의 파티와 같다. 다만 10년 뒤의, 꿈을 이룬 자신의 모습으로 참석해야 한다는 점이 특이하다.

예를 들어, 당신의 꿈이 대기업 최고경영자라고 하자. 그렇다면 당신은 당신의 꿈이 이미 실현되었음을 증명해주는 증거들, 이를테면 신문이나 잡지에서 스크랩한 당신의 인터뷰 기사나 '○○사 최고경영자'라고 적힌 명함을 가지고 파티에 참석해야 한다. 이런 것들을 어떻게 준비하느냐고 묻는 사람을 위해서 말한다면, 인터뷰 기사는 이를 전문적으로 제작해주는 업체가 있고, 명함은 가까운 명함 제작업체에서 만들면 된다.

그다음 순서는 미래의 백만장자 파티와 동일하다. 참석자들은 돌아가면서 자신의 성취에 대해서 발표하고, 다른 참석자들로부터 꿈을 이룬 비결에 대해서 질문을 받고 대답을 한다.

미래의 백만장자 파티와 마찬가지로 이 파티 역시 주로 미국에서 개최되는데, 보통 수십 명의 아르바이트생이 파티에 동원된다고 한다.

아르바이트생들은 다음과 같은 역할을 한다. 꿈이 유명 가수인 사람이 입장하면 그의 팬임을 밝히면서 그의 이름을 큰 소리로 환호하고, 사인해 달라면서 몰려들고, 파파라치처럼 집요하게 카메라를 들이댄다. 꿈이 백만장자인 사람이 입장하면 우르르 몰려들어서 자신이 준비 중인 사업에 투자해달라고 요청하고, 돈 버는 비결을 가르쳐달라고 떼를 쓴다. 즉 이들은 파티 참석자들로 하여금 소망을 이룬 느낌을 구체적으로 실감할 수 있도록 돕는 역할을 한다.

굳이 이렇게까지 해야 할 필요가 있느냐는 생각이 들 수 있다. 앞에서도 밝혔다시피 나도 잠시 그런 생각을 했다. 솔직한 심정으로 이런 파티에 참석한다는 사람들이 한편으로는 우습고 또 한편으로는 불쌍하게 느껴질 정도였다. 하지만 긍정적인 관점에서 살펴보자. 부정적인 관점은 우리네 인생에 하등의 도움도 되지 않는 것이니까.

나는 '파티 VD 기법'이 R=VD 공식의 본질에 가장 가깝게 다가간 VD 기법이라고 생각한다. 혼자서 섀도 복싱만 열심히 하는 권투 선수는, 섀도 복싱은 물론이고 다른 선수들을 상대로 스파링까지 열심히 하는 권투 선수를 절대로 이길 수 없다. R=VD 공식을 실천하는 것 역시 마찬가지다. 혼자서 공식을 실천하는 것도 좋지만 때로 다른 사람과 함께 실천하면 훨씬 더 큰 효과를 볼 수 있을 것이다. 아마 그런 이유 때문에 미국에서는 파티 VD

기법이 금전관리 강좌 같은 곳에서도 사용되고 있는 것이리라.

잭 캔필드와 재닛 스위처가 함께 쓴《독수리처럼 나비처럼: 성공의 원리*The success principles*》에는 수잔 제퍼슨의 사례가 나온다. 그녀는 〈뉴욕타임스〉 베스트셀러 작가가 되고 싶다는 꿈을 가진 가정주부였다. 그녀는 R=VD 공식을 열심히 실천했지만 꿈은 쉬이 이루어지지 않았다. 하긴 〈뉴욕타임스〉 베스트셀러 작가가 된다는 게 어디 보통 노력으로 가능한 일인가! 집안일에서 완전히 손 떼고 10년, 20년씩 매진해도 이룰 수 있을까 말까 한 꿈이다. 그러던 중 그녀는 파티 VD 기법에 대해서 듣게 되었다.

1986년 어느 날, 수잔 제퍼슨은 한 유명 회사가 후원하는 VD 파티가 캘리포니아 주 롱비치에 정박한 퀸메리호 선상에서 열린다는 소식을 들었다. 컨셉은 '1991년도 당신의 모습으로 참석하는 파티'였다. 그녀는 당시 책 한 권도 못 낸 상태였지만, 자신의 이름으로 출판된 실물 크기의 책 세 권을 만들어서 파티에 참석했다. 그러고는 자신을 〈뉴욕타임스〉 베스트셀러 작가라고 소개했다. 참석자들은 그런 그녀에게, "알아요. 지난번에 〈오프라 윈프리 쇼〉에 출연하셨죠? 그때 하신 말씀 정말 감동적이었어요" 같은 덕담을 해주었다. 어떤 사람들은 환호하면서 그녀에게 사인을 요청했다.

그렇게 그녀는 이미 꿈을 이룬 자신의 모습을 내면 깊숙한 곳에 생생하게 각인시킨 뒤 집으로 돌아왔다. 이제 그녀는 더 이상 과거의 수잔 제퍼슨이 아니었다. 꿈을 이루고 싶다는 막연한 희망을 가진 그런 사람이 아니었다. 그녀는 꿈과 일체가 되었다. 꿈은 수잔 제퍼슨이 되었고, 수잔 제퍼슨은 꿈이 되었다. 그러자 그날 밤부터 그녀의 삶에 변화가 일어나기 시작했다. 그녀의 내면 깊숙한 곳에서 사람들의 심금을 울리는 문장이 쏟아져나오기 시작했다. 그렇게 그녀는 17권의 책을 출판했고, 마침내 〈뉴욕타임스〉 베스트셀러 작가가 되었다.

퀸메리호의 선상 파티에 작가의 꿈을 가지고 참석했던 또 한 사람이 있었다. 그는 수잔 제퍼슨보다 한 술 더 떠서 자신의 책이 〈뉴욕타임스〉 베스트셀러 1위에 오른 것을 전하는 소식과 그에 대한 논평이 실린 기사를 제작해서 참가했다. 그는 자신의 기사를 참석자들에게 열정적으로 보여주었고, 사람들은 그런 그를 진심으로 축하해주었다. 아마 당신도 그가 쓴 책을 한 번쯤은 읽어보았을 것이다. 그는 우리나라에서도 오랫동안 베스트셀러 1위를 차지한《마음을 열어주는 101가지 이야기》의 주 저자 잭 캔필드다.

그는 선상 파티에 참석한 뒤 몇 년이 못돼서 자신의 꿈을 이뤘고, 각종 유명 토크쇼의 고정 출연자가 되었다. 한번은 ABC 방송의 〈캐럴 앤 매릴린 쇼〉에 출연한 그가 1986년에 참가했던 VD

파티의 효과에 대해 이렇게 말했다.

"정말 신기하게도 그날 VD 파티에 참석했던 모든 사람들의 꿈이 그날을 기점으로 빠르게 이루어지기 시작했습니다."

VD 파티로 성공의 확신을 얻어라

불가능한 조건을 딛고 꿈을 이룬 사람들의 공통점은 무엇일까? 바로 온 마음으로 성공을 확신했다는 점이다. 그렇기에 그들은 어떤 악조건, 어떤 실패에도 굴하지 않고 꿈을 향해 전진할 수 있었다. 만일 당신도 그들과 같은 확신을 가진다면 같은 결과를 얻을 수 있다.

하지만 이런 확신을 갖는 게 쉬운 일일까? 소수의 사람에게는 쉬운 일이겠지만 대다수의 사람에게는 거의 불가능에 가까운 일이다. 즉 평범한 사람이 성공의 확신을 갖자면 계기가 필요하다. VD 파티는 그 계기가 될 수 있다. VD 파티의 핵심은 성공의 확신을 얻는 것이기 때문이다.

주변에 성공에 관심이 많은 지인이 있는가? 그러면 그 사람과 VD 파티를 개최해보라. 없는가? 그렇다면 성공에 관련된 카페 등에 가입해서 회원들에게 VD 파티를 제안해보라. 분명히 지원자가 있을 것이다. 파티를 계획하고 진행하는 순간까지도 '과연 이런 게 효과가 있을까?' 하는 의심이 생길 수 있지만, 일단 파티를 마치고 집으로 돌아오면 당신의 내면에 어떤 성공의 확신이 생겨났음을 경험할 수 있을 것이다. 그 확신은 곧 당신의 인격을 지배할 것이다. 당신의 마음에 자신감을 심어주고 당신의 행동에 강한 힘을 부여할 것이다.

아마도 이제껏 당신은 둘 중 하나였을 것이다. 현실의 무게에 짓눌린 나머지 꿈을 갖는 것조차 두려워했거나, 꿈을 추구하긴 했지만 장애물을 만나면 이내 의지를 잃고 이전의 생활로 돌아갔던 사람.

VD 파티를 개최해보라. VD 파티에 참여해보라. 당신의 내면 깊숙한 곳에서 잠자고 있던 거인이 깨어날 것이다. 그것은 현실의 무게를 가볍게 떨쳐버리고 꿈을 향해 불사조처럼 날아가는 엄청난 존재로 변화하게 될 것이다.

잠시 지난 삶을 돌아보라. 당신은 얼마나 많은 모임에 참여했었는가? 셀 수 없을 것이다. 그중에서 당신의 인생을 변화시킨 모임이 얼마나 있었는가? 아마도 대부분 수다를 떠는 자리나 술자리였을 것이다. 도대체 언제까지 그런 모임만 가질 것인가? 이제 한 번쯤은 당신의 성공을 위한 모임을 가져야 하지 않겠는가?

02

꿈의 영화를 상영하라
: 정신의 영화관 기법

나는 서두에서 이렇게 말했다.

설립 초기부터 강렬한 성공 VD를 해서 성공하고, 《포춘》지 선정 세계 500대 그룹 안에 든 기업들은 정기적으로 VD 전문가를 초빙해서 1회에 수천만 원 혹은 1억 원이 넘는 돈을 지불해가며 완벽하게 VD하는 법을 배운다. IBM, 아메리칸 익스프레스, AT&T 전기회사, 캠벨수프, 도미노피자, 선키스트, 존슨 앤 존슨, 제너럴 일렉트릭 등이 대표적이다.

빌 클린턴, 조지 부시 같은 미국 전·현직 대통령들, 힐러리 로댐 클린턴 같은 미국 상·하원 의원들, 세계최고경영자협회 회원들, 세계 각국의 올림픽 대표선수단, 안드레 애거시나 그렉 노먼 같은 최정상급 운동선수들, 톰 크루즈나 짐 캐리 같은 유명 배우들, 바네사 메이 같은 세계적인 연주자들, 앨범을 낼 때마다 빌보드 차트 1위를 기록하는 가수들, 미국의 육해공군 장성들 역시 마찬가지다. 강렬한 성공 VD를 바탕으로 성공한 뒤, 적게는 수천만 원에서 많게는 수억 원까지 지불해가며 성공 VD 전문가로부터 체계적인 VD 교육을 받는다.

나는 미국인 동기부여가가 아니다. 《포춘》지 선정 500대 그룹 임원도 아니고, 세계최고경영자협회의 회원도 아니다. 따라서 이들 사이에 이루어지는 전문적인 성공 VD의 세부적인 내용까지는 잘 알지 못한다. 나는 전문적인 VD 교육을 받아본 적도 없다. 하지만 그 뼈대는 알고 있다. 세계 최고의 동기부여가들이 자신들의 저서에 자세하게 설명해놓았기 때문이다.

클로드 브리스톨, 조셉 머피, 맥스웰 몰츠, 잭 캔필드, 존 키호, 앤서니 라빈스, 삭티 거웨인 등 쟁쟁한 성공 VD 전문가들은 공통적으로 '정신의 영화관 기법The Theater of the Mind'에 대해서 말하고 있다. 거창하고 어렵게 느껴지는 이름과 달리 이 기법을 실천하기 위해서는 시간, 장소, 마음만 있으면 된다.

1. 매일 적어도 30분 이상의 시간이 필요하다. 가장 좋은 시간대는 기상 후와 취침 전이다. 아침에 일어나서 15~30분, 잠들기 전 15~30분 정도 하는 게 가장 이상적이다. 하지만 꼭

이 시간대일 필요는 없다. 자유롭게 정하면 된다.

2. 누구에게도 방해 받지 않는 혼자만의 공간이 필요하다. 이 공간에 안락의자나 침대가 있으면 더욱 좋다.
3. 이 기법의 효과를 진심으로 믿는 마음과 매일 온 마음을 다해 진지하게 실천하겠다는 마음가짐이 필요하다.

정신의 영화관에서 나를 만나다

정신의 영화관 기법에는 관찰자형과 일체형 두 가지가 있다. 두 기법 모두 몸과 마음의 충분한 이완을 요구한다. 즉 심신을 충분히 이완시키지 못한 상태에서 이 기법을 실행하면 효과가 떨어질 수 있다.

관찰자형부터 알아보자. 여기에는 기본형, 대본형 두 가지가 있다.

기본형

① 당신이 취할 수 있는 가장 편안한 자세로 의자에 앉거나 침대에 눕는다.

② 당신이 지을 수 있는 가장 편안한 미소를 짓는다. 눈을 부드럽게 감는다.

③ 심신을 충분히 이완시킨다.

④ 눈을 감은 상태에서 영화관 스크린 크기 정도의 대형 화면을 떠올린다.

⑤ 스크린에 주인공을 등장시킨다. 당신이 원하는 것은 무엇이든 주인공이 될 수 있다. 예를 들면, 최고경영자가 된 자신, 당신이 사귀기 원하는 사람, 당신이 영향을 미치고 싶은 사람, 크고 멋진 집, 최고급 스포츠카, 거액이 들어 있는 통장, 가난한 사람들을 위해 봉사하는 자신, 인류를 위해 적극적으로 활동하는 자신 등을 등장시킬 수 있다.

⑥ 오감을 동원해서 화면에 생생한 현실감을 부여한다. 예를 들어, 최고경영자를 등장시킨 경우 눈으로 회사와 사무실 등의 전경을 생생하게 볼 수 있어야 하고, 귀로 비서의 보고를 들을 수 있어야 하며, 손가락으로 당신의 결재를 기다리는 서류들을 만져볼 수 있어야 한다. 메르세데스 벤츠를 등장시킨 경우 차의 색깔과 문이 경쾌하게 열리고 닫히는 소리와 운전석의 질감 등을 보고 듣고 느낄 수 있어야 한다. 또한 차문을 열고 들어가서 키를 꽂고 시동을 걸 수 있어야 하고, 액셀러레이터를 밟고 도로를 주행할 수도 있어야 한다.

⑦ 원하는 장면을 대형 스크린에 생생하게 투사해놓고, 그 장면을 반복적으로 관람한다.

이상이 정신의 영화관 기법 '기본형'이다. R=VD 전문가들의 의견에 따르면 매일 30분씩 기본형만 실천해도 어지간한 소망은 다 이룰 수 있다고 한다.

대본형

①꿈의 대본이라고 이름 붙인 노트 한 권과 꿈의 펜이라고 명명한 펜 한 자루를 준비한다.

②정신의 영화관에서 상영할 대본을 적는다.

③정신의 영화관 기법 '기본형'을 사용해서 대본대로 꿈의 영화를 상영한다.

④관람이 끝나면 대본을 수정 또는 보충한다.

⑤수정 또는 보충한 대본을 상영한다.

⑥현실과 구분이 안 될 정도로 생생한 영화가 만들어질 때까지 ④, ⑤의 과정을 반복한다.

이상이 정신의 영화관 기법 '대본형'이다. 기본형보다 빨리 소망을 이룰 수 있다는 장점이 있다.

정신의 영화관 기법 '일체형'은 관찰자형과 거의 같다. 다만 마지막 장면에서 영화를 관람하던 자신이 영화 속으로 뚜벅뚜벅 걸어 들어가 영화 속의 자신과 하나가 된다는 것이 다르다.

예를 들면 이렇다. 당신의 꿈이 서울 강남 한복판에 100억 원짜리 빌딩을 소유하고 거기서 나오는 수익으로 헐벗고 굶주린 사람들을 돕는 일이라고 하자. 당신은 눈을 감고 편안히 누워서 꿈이 이뤄진 장면이 생생하게 담긴 영화를 관람한다. 마지막 장면에서 당신은 텔레비전 뉴스를 시청한다. 아나운서가 환한 표정으로 소식을 전한다.

"이번에는 시청자 여러분의 가슴을 훈훈하게 만들어주는 소식입니다. 이번 달에도 어김없이 익명의 기부자가 불우이웃을 위해 써달라며 거액의 수표를 맡겨왔습니다……."

영화 속에서 뉴스를 보는 당신의 얼굴에 알듯 모를 듯한 미소가 떠오른다. 익명의 기부자가 바로 당신이기 때문이다. 이때 관람석에 앉아 있던 당신이 벌떡 일어나서 화면 속으로 걸어 들어간다. 그리고 텔레비전 앞에서 미소를 짓고 앉아 있는 당신과 하나가 된다. 일체가 된 당신은 텔레비전을 끄고 신문을 뒤적인다. 그리고 도움이 필요한 사람들을 찾아서 수첩에 적는다. 다음 달에 도움을 주어야 할 사람들이다.

이 기법의 장점은 관찰자형보다 좀 더 강한 효과가 있다는 것이다. 쉽게 말해서, 관찰자형이 진화된 형태라고 할 수 있다.

심신 이완시키기

정신의 영화관 기법을 실천해서 의도한 효과를 보기 위해서는 무엇보다 심신을 충분히 이완시킬 수 있어야 한다고 했다. 정신의 영화관 기법은 잠재의식을 깨우는 것이다. 따라서 심신을 완벽에 가깝게 이완시켜서 무한히 편안한 상태로 만드는 게 필요하다. 우리의 몸과 마음이 무한히 편안할 때, 현재의식은 수면상태에 가깝게 되고, 잠재의식이 기지개를 펴기 시작한다.

심신을 이완시키는 방법에는 기본형과 최면형, 그리고 엘리베이터 기법이 있다.

기본형

① 편안한 자세로 앉거나 누워서 눈을 감는다.

② 이제껏 살아오는 동안 가장 깊은 편안함을 느꼈던 장소를 떠올린다.

③ 복식호흡을 5~10회 정도 한다. 호흡을 할 때마다 다음 네 단계를 거친다.

1. 아랫배를 사용해서 숨을 최대한 깊게 코로 들이마신다. 이때 세상의 모든 편안함이 무수한 빛 알갱이 형태로 전환되어 코를 통해 들어와 몸 곳곳으로 퍼져 들어간다는

상상을 한다.

2. 잠시 숨을 참는다. 오래 참을수록 좋다. 이때 내부가 따뜻하고 편안한 빛으로 가득 차는 상상을 한다.
3. 숨을 최대한 길게, 입으로 천천히 내쉰다. 이때 당신 안의 모든 부정적인 감정들, 모든 고민과 걱정거리들, 그리고 나쁜 병균들이 숨과 함께 밖으로 배출되는 상상을 한다.
4. 당신이 지을 수 있는 가장 편안한 표정으로 이렇게 말한다. "마음이 편안하다. 진실로 편안하다. 참으로 편안하다."

④ 여기까지 편안하지 않으면 복식호흡을 하면서 맑고 밝은 빛 덩어리를 하나 떠올린다. 이 빛 덩어리가 당신의 온몸과 온 마음을 돌아다니면서 불편하거나 불안정한 감정을 비롯한 모든 긴장을 소멸하는 장면을 상상한다.

⑤ 정신의 영화를 시작한다.

최면형

① 편안한 자세로 앉거나 누워서 눈을 감는다.

② 당신이 상상할 수 있는 가장 깊은 편안함과 따뜻함을 가진 빛 덩어리 하나를 그린다.

③ 빛 덩어리가 이마 위에 머무르는 광경을 상상한다. 머릿속에 든 모든 불편함, 긴장, 걱정거리 등이 빛을 받고 소멸되

는 장면을 그린다. 이마가 기분 좋게 축 늘어진다. 입을 열어 이렇게 말한다. "편안하다. 편안하다. 편안하다."

④ 빛 덩어리가 얼굴로 내려온다. 왼쪽 뺨의 긴장이 풀리면서 기분 좋게 축 늘어진다. 오른쪽 뺨의 긴장이 풀리면서 기분 좋게 축 늘어진다. 입을 열어서 이렇게 말한다. "편안하다. 편안하다. 편안하다."

⑤ 빛 덩어리가 턱–목–가슴–배–허벅지–종아리–발바닥–발가락 순으로 천천히 내려오는 장면을 상상한다. 몸의 각 부위가 따뜻해지면서 기분 좋게 축 늘어지는 장면을 상상한다. 입을 열어서 말한다. "편안하다. 편안하다. 편안하다."

⑥ 오른쪽 팔과 왼쪽 팔이 기분 좋게 축 늘어지는 장면을 상상한다. 오른손과 왼손이 기분 좋게 축 늘어지는 장면을 상상한다. 전신이 따뜻하게 풀리면서 기분 좋게 축 늘어지는 장면을 그린다. 입을 열어서 말한다. "편안하다. 편안하다. 편안하다."

⑦ 정신의 영화를 시작한다.

엘리베이터 기법

① 편안한 자세로 앉거나 누워서 눈을 감는다.

② 밝고 환한 느낌의 엘리베이터 한 대를 떠올린다. 당신은 10층에 있다. 현재의식이 활발하게 활동하는 공간이다.

③ 엘리베이터의 문이 열린다. 탄다. 엘리베이터가 따뜻하고 편안한 빛에 둘러싸여 내려간다.

④ 엘리베이터가 9층을 지나 8층으로 내려간다. 내려갈수록 따뜻하고 편안한 느낌이 커진다. 현재의식으로부터 멀어진다. 잠재의식에 가까워진다.

⑤ 7층을 지나 6층, 5층으로 내려간다. 현재의식이 점점 꺼져간다. 잠재의식의 세계가 펼쳐진다. 잠재의식의 세계는 한없이 따뜻하고 편안한 빛으로 둘러싸여 있다. 이제 당신은 절반 정도 내려왔다. 앞으로 더욱 따뜻하고 편안한 세계를 만나게 될 것이다.

⑥ 엘리베이터가 4층을 지나 3층, 2층으로 내려간다. 현재의식은 완전히 꺼진다. 당신은 잠재의식의 밑바닥으로 내려가고 있다. 밑으로 내려갈수록 당신은 따뜻함과 편안함으로 충만해진다.

⑦ 엘리베이터가 1층에 도착한다. 당신은 밖으로 나갈 준비를 한다. 문이 스르르 열린다. 눈앞에 따뜻함과 편안함으로 충만한 세계가 있다. 그곳 한가운데에 정신의 영화관이 있다. 영화관 문을 열고 들어간다. 영화관 한가운데에 당신만을 위한 의자가 있다. 자리에 앉는다. 영화가 시작된다.

⑧ 영화가 끝난다. 당신은 기쁨에 가득 찬 얼굴로 일어난다. 그

리고 영화관 문을 열고 나온다.

⑨ 엘리베이터를 타고 올라간다. 2층, 3층, 4층, 5층, 6층, 7층, 8층, 9층……. 마침내 10층에 도착한다. 문이 땡 하고 열린다. 당신은 완전히 달라져 있다. 승리자만이 가질 수 있는 빛이 두 눈에 서려 있다. 입술엔 100만 불짜리 미소가 담겨 있다. 가슴은 자부심으로 가득 차 있다. 당신은 꿈을 이룰 수 있는 충분한 능력을 가진 사람이요, 다른 사람들의 가능성을 일깨워주는 사람이다.

⑩ 눕거나 앉은 채로 변화한 자신의 모습을 바라보며 행복한 미소를 짓는다. 눈을 뜬다. 몸을 가뿐하게 털면서 일어난다.

나는 이 책 전체에 걸쳐서 R=VD 공식을 실천하는 법에 대해 소개하고 있다. 그리고 나 스스로 실천해보고 있다. 전문적 기법, 정신의 영화관 기법은 역시 달랐다. 상당한 인내와 노력을 요했다. 정말 만만치 않았다. 하지만 그만큼 효과가 컸다. '생생함'을 넘어서 현실과 상상의 경계가 혼란스럽게 느껴질 정도였다. 이 기법을 계속 실천한다면 남다른 내적 에너지를 가진 사람이 될 수 있을 거란 확신도 들었다. 한편으로 막대한 수업료를 지불하면서 이런 교육을 전문적으로 받는 사람들은 과연 성공할 수밖에 없는 사람들이란 생각도 들었다. 당신도 한번 해보길 바란다.

나의 의견에 공감하게 될 것이다.

맥스웰 몰츠 박사는 '정신의 영화관 기법The Theater of the Mind'이라 부르고, 리처드 쿠퍼 박사는 '정신적 영화 기법Mental Movies Techniques'이라고 부르는 전문적 VD 기법은 지속적으로 실천하다 보면 어느 순간부터 영화가 스스로 살아 움직인다고 한다.

예를 들어 단번에 10억 원을 버는 것이 꿈인 사람이 이 기법을 계속 실천하다 보면 어느 순간 영화 속에서 10억 원을 벌 수 있는 아이디어가 불쑥 튀어나온다는 것이다. 또 가족이나 상사와 불화를 겪고 있는 사람이 이를 극복하고자 그들과 화해하고 사이좋게 지내는 정신의 영화를 지속적으로 관람하다 보면 어느 순간 영화 속에서 상대방이 대본의 틀을 깨고 나와서 자신과 사이좋게 지낼 수 있는 방법을 가르쳐준다는 것이다.

정신의 영화관 기법의 열렬한 실천자였던 잭 니클라우스는 이런 경험을 자주했다. 그리고 정신의 영화가 가르쳐준 대로 해서 많은 성공을 거두었다. 그는 이렇게 말했다.

"정신의 영화가 우리에게 권하는 방법–골프채를 선택하는 사소한 일부터 샷을 마무리 짓는 중요한 일까지–이 승리를 위한 가장 올바른 길이다."

당신이 이런 경지까지 도달하는 사람이 되기를 빈다.

03

잠재의식을 현실로 끌어올려라

: 상상의 멘토링 기법

보통 사람은 단 한 분야에서도 이렇다 할 업적을 남기기 힘들다. 그런데 괴테는 시, 비평, 언론, 미술, 무대연출, 정치, 교육, 과학 등 8개 분야에서 천재적인 업적을 남겼다. 그는 생전에 자신의 성공 비결을 묻는 사람들에게 이렇게 답했다.

"만일 당신이 꿈꿀 수 있다면, 무엇이든 이룰 수 있다."

우리는 이 말을 통해 괴테가 R=VD 공식의 실천자였음을 알 수 있다. 그리고 그의 기적 같은 능력들이 R=VD 공식을 실천함으로써 얻어졌음을 알 수 있다.

괴테의 전기를 보면 그의 특이한 VD 습관에 대한 이야기가 나온다. 괴테는 매일 누군가와 대화를 나누었다. 그것도 몇 시간씩! 괴테의 대화 상대는 인류의 모든 현명함을 두루 갖춘 지성적인 존재였다. 그 존재는 괴테에게 창조적인 영감을 제공하고, 고민을 듣고 조언해주는 역할을 했다. 그런데 놀랍게도 그는 괴테가 상상으로 만들어낸 인물이었다. 참고로 덧붙이면, 괴테의 VD 대화가 어찌나 생생하고 현실적이었던지 사람들은 그의 VD 대화만 듣고도 괴테의 정신적 멘토의 면면을 구체적으로 알 수 있을 정도였다고 한다.

정신분석학계의 괴테라고 할 수 있는 칼 융과 심상치료계의 괴테라고 할 수 있는 칼 사이몬튼에게도 괴테와 비슷한 상상의 멘토가 있었다. 전해오는 이야기에 따르면, 두 사람은 수시로 정신의 영화관에 들어가서 자신들이 창조한 상상의 멘토를 만나 조언을 받았다고 한다. 그 결과 정신분석학과 의학 분야에서 자신들만의 세계를 성공적으로 개척해나갈 수 있었다고 한다.

괴테, 칼 융, 칼 사이몬튼이라는 세 명의 천재가 구사한 VD 기법은 가장 수준 높은 경지의 VD 기법이라고 할 수 있다. 세 천재의 상상의 멘토는 다름 아닌 자신 안의 잠재의식이기 때문이다.

세 사람은 자신의 잠재의식에 이름을 붙여주고 멘토로 삼음으로써 R=VD 공식을 단순히 실천하는 수준을 넘어 공식과 일체가 되었다. 즉 교세라 인터네셔널 그룹의 창업자 가즈오 이나모리가 말한, "거대한 성공을 거두기 위해서는 성공하고야 말겠다는 강렬한 열망이 당신의 잠재의식 밑바닥까지 스며들어야 한다"의 수준을 넘어서, 잠재의식을 아예 현실로 끌어올려버렸다. 세 사람의 VD 능력이 이 정도였으니, 천재적인 업적은 자연히 따라올 수밖에!

위인들의 상상의 멘토

무극성 분자 간의 인력에 관한 이론인 '판데르 발스의 힘'으로 유명한, 1910년에 〈액체 및 기체의 물리학적 상태에 관한 연구〉로 노벨 물리학상을 수상한 네덜란드의 물리학자 요하네스 디데릭 판데르 발스와 따로 설명이 필요 없는 대문호 톨스토이, 역시 이름 자체가 설명인 천재 과학자 아인슈타인은, 이미 사망한 인물을 상상의 멘토로 삼아 VD하는 습관을 가졌다.

판데르 발스의 상상의 멘토는 철학자 라이튼 요한이었다. 라이튼 요한은 공장에서 육체적인 노동을 하면서도 독학으로 철학을 공부해서 20대에 독자적인 철학 이론을 세우고 인정받은 사람이었다. 라이튼 요한 못지않은 가난뱅이 독학생이었던 판데르 발스는 라이튼 요한의 이력을 접하자마자 존경심을 갖게 되었다. 그러나 안타깝게도 라이튼 요한은 27세의 나이로 요절한 상태였다. 하지만 판데르 발스는 상관없다고 생각했다. R=VD 공식을 사용해서 상상의 멘토를 만드는 방법을 알고 있었기 때문이다.

판데르 발스는 상상의 무대를 만들었다. 그리고 라이튼 요한을 초대했다. 그는 매일 꾸준히 라이튼 요한에게 말을 걸었다.

"당신이라면 이 경우 어떻게 행동하겠습니까?"

"당신이라면 이 문제를 어떻게 풀겠습니까?"

"당신이라면 이 연구를 어떻게 진행하겠습니까?"

그러자 어느 날부터 라이튼 요한, 즉 그가 창조한 상상의 멘토가 대답을 하기 시작했다. 판데르 발스는 상상의 멘토 덕분에 어려운 독학생 시절을 성공적으로 보내고, 노벨상 수상자가 될 수 있었다고 밝혔다.

톨스토이의 상상의 멘토는 철학자 루소였다. 톨스토이는 아예 루소의 초상을 새긴 목걸이를 매고 다니면서 공개적으로 루소와 대화를 나누었다.

아인슈타인의 상상의 멘토는 뉴턴, 패러데이, 맥스웰 세 사람이었다. 톨스토이처럼 아인슈타인도 세 사람의 초상화를 방에 걸어놓고 수시로 대화를 나누었다. 아인슈타인은 세 사람과의 상상의 대화를 통해서 얼마나 많은 영감을 얻었던지, 이사를 갈 때면 다른 어떤 귀한 짐보다 세 사람의 초상화를 먼저 챙겼다고 한다.

멘토와 함께 하는 상상의 회의

성공학 분야에 한 획을 그은 나폴레온 힐은 자신을 재탄생시키기 위한 목적으로, 자신이 극도로 존경해 마지않는 9명의 인물을 초대해서 매일 밤 상상의 회의를 열었다. 그중에는 링컨이나 나폴레옹 같이 이미 사망한 사람도 있었고, 헨리 포드나 앤드류 카네기처럼 당시에 생존해 있었던 사람도 있었다. 그의 대표작《생각하라 그러면 부자가 되리라*Think and Grow Rich.* 우리나라에는《놓치고 싶지 않은 나의 꿈 나의 인생》으로 번역 출간되어 있다》에 따르면 방법은 다음과 같았다.

1. 밤에 잠들기 직전에 조용히 눈을 감고 정신의 영화관에 들어간다.
2. 9명의 멘토를 상상의 테이블로 초청한다. 상상의 멘토들이 테이블에 빙 둘러앉는다. 나는 회의를 진행하는 의장이 된다.
3. 각 멘토에게 질문을 던진다. 한 명 한 명에게 진지하고도 정확하게 던진다.

나폴레온 힐은 저서에서 이렇게 고백했다.

"매일 밤 상상의 회의를 연 지 몇 달 만에 놀라운 일이 벌어졌다. 상상 속의 인물들이 눈앞에 현실로 나타났다. 나는 실제로 인간관계를 가질 때 비로소 알 수 있는 아홉 명 각자의 독특한 성격까지도 알게 되었다."

그러면서 이렇게 덧붙였다.

"상상의 회의는 나를 빛나는 모험의 길로 인도했다. 진실로 위대한 것을 추구할 수 있는 용기를 주었다."

나폴레온 힐의 상상의 회의 기법이 현실과는 거리가 먼 이상적인 무엇으로 여겨지는 사람에게는 이노디자인 설립자 김영세의 상상의 회의 기법을 소개하고 싶다.

김영세는 자신의 상상의 회의 기법을 '가상의 대화방'이라고 부르는데, 프레젠테이션을 하는 자신과 이를 듣는 소비자, 의뢰인, 기술자 등이 참가자로 등장한다. 그는 저서 《12억 짜리 냅킨 한 장》에서 이렇게 설명하고 있다.

"가상의 대화방은 언제 어디서든 소집할 수 있다는 장점이 있다. 그곳에서는 제품을 놓고 진지한 토론이 이루어진다.

의뢰한 회사가 이 제품을 만들 기술이 있는지 그 회사의 기술자에게 물어보기도 하고, 만약 기술자가 이런 기술은 구현하기가 어렵거나 비용이 너무 많이 든다고 얘기하면 그 기능을 빼기로 결정한다.

새로 디자인된 형태는 사용할 때 이러저러한 점 때문에 불편할 것 같다고 소비자가 말하면 나는 또 그 형태를 바꾸어 제시하기도 한다.

어떤 중역이 시장 진입에 방해가 될 것 같은 요소를 지적하면 그 요소를 제거하기도 한다. 이런 기능은 꼭 있으면 좋겠다고 말하면 당연히 기술자와 의논하여 그 기능을 덧붙인다. 기능을 하나 덧붙여서 원가 상승이 우려되면 가격을 최대한 낮출 수 있는 범위 내에서 기능을 구현하도록 애쓴다.

서로 충돌하고 타협하면서 나는 머릿속에서 소비자는 물론 참석한 여러 전문인이 모두 수긍하고 만족할 때까지 하나의 디자인을 완성해가는 것이다.

가상의 디자이너와 클라이언트와 소비자를 불러다 앉혀놓고 머릿속으로 상상하는 이 회의는 속도가 빠르다는 장점도 있다. 아무도 간섭할 수 없는 이런 식의 상상을 즐기면서 제품의 아주 섬세한 부분까지 머릿속으로 완성한다. 보이지 않는 곳에서 보이지 않는 고객과 마주앉아 빛의 속도처럼 빠르게 아이디어 회의를 하는 것이다.

이런 회의가 내 마음에 들 정도로 흡족하게 진행된 후에는 급히 종이와 연필을 구해 스케치를 시작한다. (중략)

사람들이 '이노 터치'라고 부르는 디자인의 특성은 바로 이런 과정을 통해 탄생되는 것이다."

그는 분명하게 밝히고 있다. 디자인계의 아카데미상이라 불리는 IDEA 금·은·동상을 휩쓸고, 미국 《비즈니스 위크》지로부터 최고 디자인상을 받고, 빌 게이츠로부터 칭송을 받은 아이리버 H10을 디자인하고, 한국인 최초로 실리콘 밸리에 디자인 회사를 세워서 세계적인 회사로 키워낸 자신의 저력은 바로 '상상의 회의'를 하는 습관으로부터 비롯되었다고 말이다.

상상의 멘토링을 받아라

당신도 오늘부터 한번 시도해보라. 상상의 멘토와 대화를 시작하든지 상상의 회의를 열어보라.

당신의 지난 인생을 돌아보라. 당신은 주로 누구와 대화를 나누었는가? 세상이 인정하는 위대한 멘토와 대화를 나누었는가? 아니면 자기 앞가림도 제대로 못하는 사람들과 대화를 나누었는가?

당신이 나눈 대화의 내용은 어떠했는가? 당신 안의 잠재력을 끌어내고, 당신의 능력을 꽃피우고, 당신으로 하여금 세상에 이바지하도록 동기를 부여하는 그런 대화였는가? 아니면 시시껄렁한 연예인 이야기나 다른 사람들에 대한 험담이나 비난이 주를 이루는 그런 대화였는가?

냉정하게 비교해보라. 전자와 후자가 10년 또는 20년 뒤에 과연 어떤 미래를 맞이하게 될지를…….

상상의 멘토는 다음 방법으로 만들 수 있다.

1. 당신이 멘토로 삼고 싶은 인물을 정하라. 세상을 떠난 사람이든 세상에 머물러 있는 사람이든 상관없다.
2. 멘토를 만나서 어떻게 인사할 것인지, 어떤 대화를 나눌 것인지, 어떤 조언을 구할 것인지 등을 종이에 기록하라.
3. 매일 시간을 내서 상상의 대화방에 멘토를 초대해 대화를 나누어라.

처음에는 부자연스럽고 어려울 것이다. 하지만 어느 정도 시간이 지나면 놀라운 일을 경험하게 될 것이다. 상상 속의 멘토가 살아 움직이기 시작할 것이다. 그가 적극적으로 당신의 말을 귀담아 들을 것이다. 당신에게 최고의 조언을 선물할 것이다.

이 VD 기법은 먼 옛날에는 괴테 같은 천재들만 알았고, 현대에도 주로 아인슈타인 같은 천재들이 실천했다.

당신은 어느 쪽을 선택할 것인가? 이 기법을 실천해서 눈부신 미래를 만들어나갈 것인가? 아니면 다만 눈으로만 읽고 지나쳐서 어제와 같은 삶을 반복할 것인가?

책을 덮으려는 당신에게

1910년의 일이다. 필리핀에 대통령의 꿈을 가진 마누엘 L. 퀘손이라는 사람이 있었다. 그에게 R=VD 공식이 다가왔다. 나폴레온 힐이라는 사람을 통해서.

퀘손은 흥미를 보였지만 R=VD 공식을 실천하지는 않았다. 그렇게 24년이 흘렀다. 그는 여전히 꿈을 이루지 못하고 있었다. 그러던 중 퀘손은 오래전에 들었던 한 공식을 떠올리게 되었다. 물에 빠진 사람이 지푸라기 잡는 심정으로 그는 R=VD 공식을 실천하기 시작했다. 그러자 길이 조금씩 열렸다. 공식의 효과에 눈을 뜬 퀘손은 R=VD 공식을 열정적으로 실천했다. 그리고 오래지 않아 필리핀 초대 대통령이 되었다.

1910년의 마누엘 L. 퀘손에게 그랬듯이, 지금 당신에게도 R=VD 공식이 다가왔다. 이지성이라는 사람을 통해서!

당신은 어떻게 할 것인가? 흥미만 느끼고 곧 잊어버릴 것인가? 이제껏 여러 권의 자기계발 서적을 읽어오면서 그랬듯이, 책을 읽는 동안에만 변화의 열망을 느끼다가 책을 덮은 뒤에는 다 잊어버리고 어제와 똑같은 삶을 반복할 것인가?

이 책을 덮는 당신이 마누엘 L. 퀘손이 저질렀던 실수를 반복하지 않기를 빈다. 과학자 라이스가 그랬던 것처럼, 모든 것을 다 갖추고도 생생하게 꿈꾸는 법을 몰라서 1,000분의 1의 오차를 허용하고 어이없게 실패하는 운명에 처하지 않기를 빈다.

당신도 알다시피 세상에는 도움의 손길이 절실하게 필요한 사람들이 너무 많다. 물론 성자처럼 모든 것을 다 버려두고 그들을 위한 삶에 투신하는 것이 가장 옳은 길이다. 하지만 인간적인 약함으로 인해 그렇게 할 수 없다면, R=VD 공식을 실천해서 꿈을 이루어라. 성공자가 되어라. 유명한 사람이 되어라. 부자가 되어라. 그리고 그 힘을 세상을 위해 써라. 가난한 사람과 약자들이 행복하게 사는 세상을 만드는 데 써라. 비록 지금은 성공의 꿈을 꾸더라도 나중에는 성자의 꿈을 꾸어라.

생생하게vivid 꿈꾸면dream 이루어진다realization.

감사의 말

··· 책을 쓰는 내내 하나님께 기도를 드렸다. 하루에 한 번, 1분 이상 간절하게. 기도를 들어주신 하나님께 감사드린다. 만일 내가 이 책으로 어떤 영광을 얻는다면, 그것은 모두 하나님께 돌아감이 마땅하다.

··· 책을 쓰는 내내 부모님께서 열정적으로 기도해주셨다. 한때는 작가의 길을 강력하게 반대하셨지만 지금은 뜨거운 후원을 보내주고 계신다. 두 분께 감사드린다.

··· 미니홈피와 이메일, 문자 등을 통해서 격려해준 독자 여러

분들께 감사드린다.

••• 원고가 겨우 10쪽 정도 쓰였을 때 원고의 가치를 알고 파주에서 성남까지 찾아와준, 그리고 저자의 잠재력을 믿어준 편집자와 다른 모든 관계자 분께 감사드린다.

••• 이 책의 주제인 R=VD 공식은《마녀가 더 섹시하다》(굿인포메이션) 27쪽에 나오는 소프라노 김정원 씨의 말에서 따왔다. 김정원 씨는 이렇게 말했다. "R=VD라는 공식이 있어요. 생생하게(vivid) 꿈을 꾸면(dream) 이루어져요(realization). 한번 해보세요." 김순덕 씨와 김정원 씨, 그리고 굿인포메이션 출판사에 감사드린다.

••• 이 책의 주요 사상과 사례들은 대부분 미국의 성공학 서적에서 비롯되었다. 특히 잭 캔필드의 저서에 큰 영향을 받았다. 이 자리를 빌려 감사드린다.

••• 인터넷 공간에 떠다니는 무수한 자료들은 이 책을 쓰는 데 귀한 도움이 되었다. 정말 많은 자료를 얻었고, 또 인용했다. 익명의 자료 제공자들께 감사드린다.

··· 이 책의 참고 도서는 모두 경기도립성남도서관, 야탑중앙도서관, 수정도서관에서 만났다. 세 도서관에 진심으로 감사드린다.

2007년 봄 어느 날에

부록 1

인류에게 주어진 선물, 그것은 꿈이다

R=VD 공식으로
꿈을 이룬 사람들의 이야기

1

노트북과 새 차를 갖고 싶었던 남자가 있었다. 그런데 돈이 부족했다. 다행스럽게도 그는 R=VD 공식을 알고 있었다. 그는 자신이 꿈꾸는 노트북과 차를 글로 적었다. 그리고 사진을 구해 매일 가슴에 품고 다녔다. 또 미니홈피에 '내가 갖고 싶은 것들'이라는 방을 만들어서 소망하는 노트북과 차의 사진을 올려놓고 생생하게 꿈꾸었다. 또 우연히 자신이 VD하는 노트북이나 차를 보게 되면 "언젠가는 저것이 내 것이 될 거야!" 하고 중얼거렸다.

그러던 어느 날이었다. 절친한 지인이 찾아오더니 갑자기 노트북을 선물하는 것이 아닌가. 그러면서 하는 말. "자네 업무에 필요할 것 같아서 말일세."

그렇게 노트북을 선물 받아 쓰고 있던 어느 날, 부친으로부터 얼른 와서 차를 가져가라는 연락을 받았다. 알고 보니 부친의 지인이 자신의 회사 법인차가 놀고 있으니 그냥 가져다 쓰라고 했다는 것이었다. 그것은 다름 아닌 그가 매일 가슴에 품고 다닌 바로 그 차였다.

나는 강연회나 사인회장에서 R=VD 공식을 사용해 신형 핸드폰, 디지털 카메라, MP3, 고급 핸드백, 노트북, 냉장고, 자동차 같은 것들을 얻었다는 독자들을 늘 만난다. 솔직히 고백하자면 나는 그때마다 조금 건조한 목소리로 이렇게 말하곤 했다.

"꿈의 힘을 경험하셨으니 앞으로는 더 큰 꿈을 꾸셨으면 좋겠네요. 세상에 빛을 던져준 장기려 박사님이나 유일한 박사님 같은 삶을 사는 꿈 말이죠."

한때 나는 R=VD 공식을 사용해서 작은 물질적인 소망을 이룬 사람들을 좀 안타깝게 생각했었다. R=VD 공식을 사용해서 꿈꾸던 명품 가방을 얻었다며 폴짝폴짝 뛰는 사람들, 심지어는 고가의 보석을 선물 받았다는 사람들을 볼 때마다 좀 씁쓸한 얼굴로 '그 멋진 마음의 힘을 왜 그렇게 작은 것을 얻는 데 쓰는 것일까? 지금보다 몇 배 나은 인물로 변화해서 세상에 뭔가 의미 있는 일을 하는 그런 큰 꿈을 왜 꾸지 못하는 것일까?' 독백하곤 했다.

하지만 지금은 그렇게 생각하지 않는다. 소박한 꿈을 이룬 경험을 통해 자신감을 갖게 된 나머지 큰 꿈도 얼마든지 이룰 수 있다는 믿음을 갖고 새로운 인생을 살게 된 사람들을 알게 됐기 때문이다.

사실 나도 처음엔 중고 복사기 같은 소박한 것을 얻은 경험을 통해 내 믿음 여하에 따라 큰 꿈도 얼마든지 이룰 수 있다는 자신감을 가졌었다. 그런데 소위 베스트셀러 작가가 되고 난 뒤 나도 모르게 교만한 마음을 가졌던 것일까? 마음의 힘을 활용해서 작은 소망을 이뤘다고 좋아하는 사람들을 알게 모르게 저평가한 경향이 있었다. 반성한다.

만일 아직도 당신이 R=VD 공식을 신뢰하지 못하겠거든 소박한 것부터 시작해보라. 커피 한 잔 같은 사소한 것을 말하는 게 아니다. 그런 것은 굳이 마음의 힘을 활용하지 않아도, 고깃집 같은 데서 식사만 해도 얼마든지 공짜로 얻을 수 있다. 핸드폰, 디지털 카메라, 노트북 같은 것부터 시작하라. 소박한 물질적인 것들을 얻은 경험을 통해 마음의 힘에 대한 믿음이 생겼다면 최고의 성적 올리기, 취직하기, 승진하기, 이상형 만나기 같은 한 단계 높은 것들로 옮겨가라. 그다음 단계로 거대한 사회·경제적 성공을 거두는 꿈을 꾸고, 최종 단계로 성공의 결과물을 하나님의 뜻에 따라 아프리카나 북한 또는 우리나라의 사회·경제적 약자들을 위해 쓰는 아름다운 꿈을 꾸어라.

2

집을 비워줘야 하는 날은 다가오는데 형편이 너무 어려운 나머지 이사 갈 비용조차 없는 사람이 있었다. 어느 날 그는 이 책을 읽고는 책을 부둥켜안고 한참동안 울었다. 그리고 매일같이 R=VD 공식을 실천했다. 얼마나 절실했던지 글 VD, 사진 VD, 소리 VD는 물론이고 동영상 VD까지 했다. 그는 다락방이 딸린 아늑한 집을 꿈꾸었다. 현재 그는 바로 그 집에서 살고 있다.

원룸을 얻고 싶은데 돈이 전혀 없는 사람이 있었다. 그래도 그는 포기하지 않고 집을 알아보러 다녔다. 그러던 어느 날 그는 자신의 마음에 꼭 드는 원룸을 발견했다. 그런데 방이 비어 있지 않았다. 물론 그에게는 여전히 돈이 없었다. 그는 그 원룸을 지나갈 때마다 그 집 벽에 손바닥을 대고 간절히 꿈꾸었다. 그곳에서 살고 있는 자신의 모습을. 그리고 얼마 뒤 그는 실제로 그 방에 입주하게 되었다. 친척이 빌려갔던 돈을 갚았고, 집을 구할 돈이 생겨 부동산에 전화를 걸었는데, 놀랍게도 공인중개사가 그가 그토록 간절히 VD했던 집을 소개한 것이다. 여기에 더해 그는 VD로 간절히 원하던 직장에 취직까지 하게 되었다고 고백했다.

경제적인 능력은 되지 않지만 VD를 해서 원하던 집에 살게 되었다는 이야기는 소박한 VD 사례와 더불어 가장 많이 등장한다. 아마도 사람에게 가장 절실한 문제 중 하나가 집 문제를 해결하는 것이기 때문에 그런 것 같다.

정말로 살고 싶은 그런 집이 있는가? 마음속에 선명하게 그려지는 드림 하우스말이다. 있다면 그 집의 세부적인 모습을 노트에 적어라. 꿈의 사진첩을 만들어라. 그것을 보면서 VD하라. 실제로 그 집에서 살게 될 것이다.

3

한 여대생의 사례다. R=VD 공식을 알기 전에 그녀는 몸무게가 많이 나갔고 그로 인해 자신감이 없었다. 게다가 휴학하고 일을 하고 있었다. 구체적인 상황은 모르지만 그녀가 "너무 비참했다", "밑바닥부터 기어야 했다" 같은 표현을 쓴 것으로 보아 평범한 가정에서 태어난 20대라면 누구나 진입하게 되는 젊음의 어두운 터널에서 힘들어하고 있었던 것 같다.

하지만 R=VD 공식을 알게 된 지 불과 몇 달 만에 그녀 인생의 많은 부분이 바뀌었다. 무엇보다 친구들의 태도가 달라졌다. 주변 사람들도 새로운 시선으로 그녀를 바라보기 시작했다. 그녀의 온몸에서 자신감이 빛처럼 뿜어져 나왔기 때문이다.

그녀의 자신감은 다이어트 성공으로부터 비롯되었다. 그녀는 R=VD 공식으로 두 달 반 만에 무려 8킬로그램을 뺐다. 여기에 더해 영어 공부까지 성공적으로 할 수 있었다. R=VD 공식으로 다이어트와 공부라는 두 마리 토끼를 동시에 잡은 것이다.

이런 실험 결과가 있다. 클리블랜드 병원 재단의 광 유에 박사가 젊은 사람들을 대상으로 일주일에 5회씩 마치 프로 헬스 선수처럼 이두박근이 불끈 튀어나오도록 운동하는 장면을 상상하게 했다. 그러자 피험자들의 근력이 실제로 13.5%나 상승했다. 또 영국 헐대학의 데이비드 마찬트 교수는 30여 명의 피험자들을 대상으로 각각 근육이 커지는 모습을 상상하게 하면서, 눈앞에 놓인 운동기구들을 상상하게 하면서, 근육이나 운동 외의 것들을 상상하게 하면서 운동을 시켰는데, 첫 번째 사례의 근육 운동량이 가장 높은 것으로 나타났다.[58]

나는 다이어트 VD가 R이 되는 경로를 이렇게 설명하고 싶다.

"부담스러운 D라인이 환상적인 S라인으로 바뀌는 모습을 생생하게 꿈꾼다. → 뇌의 RAS가 VD의 영향을 받아 막대한 분량의 다이어트 정보를 수집한다. → 다이어트 정보를 열정적으로 실천한다. → 단기간에 살이 파격적으로 빠지면서 몸매가 드라마틱하게 바뀐다."

당신이 꿈꾸는 그 몸매의 주인공으로 변화하고 싶은가? 그동안 실패만 거듭한 다이어트를 이번에는 성공하고 싶은가? R=VD 공식을 실천하라. 이상적인 몸매를 가진 사람들의 사진으로 방을 도배하라. 그들처럼 변화한 모습을 그리고 또 그려라. 그들처럼 먹고, 마시고, 운동하는 자신을 만나게 될 것이다.

이제 당신이 그리는 꿈의 몸매를 가질 시간이다. 이미 많은 사람들이 R=VD 공식을 사용해서 원하는 것을 이루고 있다. 당신도 생생하게 꿈꾸면 이룰 수 있다.

4

우리나라의 대표적인 일간지에 보도된 내용이다. 기사의 주인공은 지방에서 고등학교를 다니는 학생인데 모의고사에서 전국 2등을 차지할 정도로 수재다. 이 학생은 "R=VD, 생생하게 꿈꾸면 반드시 이뤄진다고 믿어요"라고 말하면서 교복 주머니에 늘 넣고 다니는, '내신 1등급을 유지한다. 수능 날 긴장하지 않는다. 후회 없는 하루를 보내자' 같은 글이 적혀 있는 꿈의 쪽지를 공개했다.

인터넷 서점 독자 서평에는 R=VD 공식으로 합격의 꿈을 이룬 사례들이 여럿 올라와 있다. 연기를 배운 적도 없고 외모가 특별한 것도 아닌 그야말로 배우의 꿈만 가진 학생이 무려 2천여 명 넘게 몰린 경쟁자들을 제치고 인생 최초로 응시한 오디션에 합격했는가 하면, 대학에 입학할 때 "비록 지금은 장학금을 받지 못했지만 남은 학기는 모두 장학금을 받고 다니자. 그리고 꼭 전체 수석으로 졸업하자"는 VD를 실천하여 실제로 4년 내내 장학금으로 공부하고 전체 수석으로 졸업해 총장상까지 수상하게 되었다는 이야기가 있다. 또한 모의고사 점수가 100점 가까이 올라서 전교 1등을 한 비결을 당시에는 잘 몰랐지만 지금 생각해보니 VD였던 것 같다고 말하는 사례도 있다.

소개하기가 조금 망설여지긴 하지만 내 지인 중에 이런 사람도 있다. 그는 초등학교 때부터 고등학교 때까지 성적이 하위권을 맴돌았다. 그런데 초등학교 시절부터 마음속으로 자연스럽게 그리던 꿈의 영상이 하나 있었다. 그것은 대입시험에서 만점에 가까운 성적을 올린 자신의 모습이었다. 그의 꿈은 매우 이상한 방법으로 실현되었다. 수능 당일 그가 배정 받은 좌석의 대각선 방향에 다른 고등학교 전교 1등이 앉았는데 공교롭게도 그 전교 1등의 답안지를 전부 훔쳐볼 수 있었다. 그는 거의 만점에 가까운 성적을 올렸다. 학교에서는 의과대학에 가라고 했지만 커닝 실력에 걸맞은 현실감각이 있었던 그는 원래 자신의 점수에 맞는 대학을 선택해 4년 장학생으로 입학했다.

사실 나는 이런 식의 꿈은 이루어지지 않는 게 낫다고 생각한다. 다만 인간의 마음에 얼마나 무섭고 강력한 힘이 있는가를 보여주는 좀처럼 찾아보기 힘든 사례라고 생각되어 적어보았다.

이렇게 이야기하고 보니 좋은 대학에 가거나 성적을 올리려면 공부를 열심히 하는 것은 전혀 필요 없다고 말하는 것처럼 들린다. 하지만 그렇지 않다. 공부를 열심히 하는 것은 기본이다. 일례로 앞에서 이야기한 꿈의 쪽지를 보면서 공부한다는 수재 학생도 기사에서 자신을 '노력형'이라고 소개했다.

물론 처음으로 치른 오디션에서 2천 명이 넘는 경쟁자를 물리치고 당당히 합격한 기적 같은 사례도 존재한다. 하지만 대부분은 다음과 같이 점진적이다.

"공부라는 말만 들어도 스트레스를 받던 두뇌가 즐겁게 공부하는 두뇌로 바뀐다. 산만하기 이를 데 없고 심지어는 의지박약 증세까지 보이던 두뇌가 강력한 집중력을 발휘하고 불굴의 의지력을 가진 두뇌로 변화한다. 더 나아가 포토그래픽 메모리 능력까지 복구한다. 그 결과 시험 준비를 완벽하게 마치게 되고 이는 기적적인 성적 향상으로 이어진다."

'인간은 누구나 천재로 태어난다'는 말이 있다. 그런데 실제로 천재적인 공부 능력을 발휘하는 사람은 극소수다. 공부 천재들에게는 공통점이 있다. 공부를 너무 좋아하고 사랑한다는 점이다. 다름 아닌 이 감정이 이들의 두뇌를 자극해서 천재 호르몬을 쏟아내게 만든다. 그 결과 며칠 밤을 새면서 공부해도 전혀 지치지 않고 오히려 활력이 넘치는 경험을 하게 된다.

공부 때문에 괴로운가? R=VD 공식을 실천하라. 뜨거운 자신감이 생길 것이다. 자신감은 두뇌의 능력을 크게 향상시킨다.

R=VD 공식을 지속적으로 실천하면 어떤 일이 벌어질까? 두뇌가 점점 천재적으로 변화한다. 이쯤 되면 성적 향상이나 수능 만점 같은 것은 별 의미가 없다. 그런 것은 자연스럽게 얻게 될 테니 말이다. 아마도 당신은 새롭게 변화된 두뇌로 인류에게 도움이 되는 위대한 일을 하게 될 것이다. 당신은 본래 천재로 태어났음을 기억하라.

5

지인 중에 자수성가한 100억 원대 부자가 있다. 내 독자인데 가끔 추종자들을 모아놓고 부자 되는 법을 강의하기도 한다. 그의 강의는 여러 차례 매스컴을 타기도 했다. 그가 주장하는 부자 되는 법은 간단하다.

"부자가 되는 것을 간절히 VD하라. 그리고 부자들을 찾아가서 부자 되는 법을 배우고 실제로 부자가 되기 위해 피나도록 노력하라."

내가 다녔던 교회에 전설적인 명성을 날리는 투자자가 있었다. 한번은 그가 교회 청년들 앞에서 이렇게 말했다.

"지난주엔 약발이 너무 안 받았어. 아 좀 날렸어."

청년 중 한 명이 "얼만데요?"라고 묻자 그는 "20억 원 정도"라고 대답했다. 당황한 청년들이 "집사님, 어떡해요!"라며 걱정하자 그는 천연덕스러운 얼굴로 "괜찮아. 이번 주에 80억 원 정도 벌 수 있는 기회가 있으니까"라며 그들을 안심시켰다.

그는 일과 사랑에 빠졌다는 말을 들을 정도로 열정적으로 일하는 사람이지만 4차원이라는 별명이 있을 정도로 엉뚱한 사람이기도 하다. 그가 돈에 관해 즐겨하는 조언은 이렇다.

"돈은 버는 게 아니야. 줍는 거야. 그냥 두 눈에 보여야 해. 돈을 자네 몸의 일부처럼 느껴봐. 돈이 자네 몸의 일부라고 상상해봐. 그럼 굴러다니는 돈이 보이기 시작할 거야. 그때부턴 그냥 주워 담으면 돼."

작년에 한 기관에서 강의를 했을 때의 일이다. 강의를 마친 뒤 사인회를 하고 있는데 자수성가한 천억 원대 부자가 악수를 청하면서 말했다.

"강의를 들으면서 몇 번이나 눈물 흘렸는지 모릅니다. 작가님의 말씀이 맞습니다. 세상에서 성공하고 부자가 되는 비결은 VD에서 시작합니다. VD가 있어야 광적인 노력도 할 수 있고, 인생을 건 도전도 할 수 있습니다. 쫄딱 망해서 알거지가 됐다가도 다시 일어설 용기도 낼 수 있고요. 작가님의 VD 이야기를 들으면서 지난 세월의 도전과 실패와 성공이 파노라마처럼 떠올라서 감정을 주체할 수 없었습니다. 특강을 듣고 이렇게 울어본 적도 처음입니다."

〈2007년 아시아 태평양 부자 보고서메릴린치 투자은행·캡제미니 컨설팅 발표〉에 따르면 우리나라에서 100만 달러 이상의 금융자산을 보유한 사람은 대략 9만9천 명2006년 말 기준이라고 한다. 통계 숫자상으로만 본다면 정말 극소수의 사람이 부자인 셈이다. 달리 말하면 부자의 사고방식을 가진 사람 또한 극소수라는 이야기가 된다.

직접 발품을 팔아보면 알겠지만 자수성가한 부자일수록 R=VD 공식을 인정한다. 아니 열광적으로 긍정하고 압도적인 지지를 보낸다. 반면 자수성가와 거리가 먼 사람일수록 R=VD 공식에 회의적인 반응을 보인다. 그들은 간절한 VD보다는 돈이 있어야 부자가 될 수 있다고 믿는다. 내가 보기에는 〈2007년 아시아 태평양 부자 보고서〉는 다름 아닌 R=VD 보고서다. 부자의 사고방식을 가진 사람이 우리나라에 얼마나 적은지를 알려주는 구체적인 자료다.

《꿈꾸는 다락방》의 부자 VD는 사업으로 자수성가한 사람들이 공통적으로 갖고 있는 사고방식이다. 앤드류 카네기, 존 D. 록펠러, 빌 게이츠, 워런 버핏, 리자청, 손정의, 사이토 히토리 등 필자가 부자 VD를 소개하면서 사례로 든 사람들은 전부 사업가들이다. 그리고 앞에서 소개한 세 명의 부자 역시 사업으로 부를 일궜다.

물론 마음속으로 상상만 했는데 돈을 얻게 되었다는 식의 사례도 적지 않다. 나는 여러 독자로부터 적게는 100만 원에서 많게는 5억 원까지 별다른 노력 없이 간절히 상상만 했는데 실제로 그 돈을 얻게 되었다는 이야기를 들었다.

하지만 다들 그럴 만한 이유가 있었다. 100만 원을 얻은 사람은 부모님으로부터 받았고, 1억 원을 얻은 사람은 시어머니로부터 받았으며, 3억 원을 얻은 사람은 투자자로부터 받았고, 5억 원을 얻은 사람은 사업 대박을 터뜨린 자녀로부터 받았기 때문이다. 물론 이 사람들이 VD를 간절히 하지 않았다면 가족이나 친척 또는 투자자의 마음을 움직이기 어려웠을 가능성이 있기 때문에 이들의 VD를 높이 평가한다. 다만 이런 VD 사례가 일부 독자들의 오해를 불러일으킬 소지가 있기에 조금 경계하는 편이다.

나는 부자 VD로 자수성가한 사람들이 작은 성자로 거듭나는 세상을 꿈꾼다. 그러니까 이병철 또는 정주영식 성공을 거둔 사람들이 유일한식 성공을 거두는 사람으로 변화하는 것을 VD한다는 이야기다. 그래서 안심하고 소개할 수 있는 부의 멘토로 "부자로 죽는 것은 가장 큰 수치다"라며 전 재산을 교회와 사회에 나눠주고 떠난 앤드류 카네기를 들었다. 그리고 유일한식 성공을 다룬 책도 출간했다.

돈이 없어서 말 못할 힘든 일을 겪고 있는가? 돈 때문에 학교도 휴학하고 최저임금을 받으면서 온종일 아르바이트를 하고 있는가? 생계 때문에 원하지 않는 직장에 다니면서 나쁜 상사의 부당한 대우를 힘겹게 견디고 있는가? 경제는 갈수록 어려워지는데 모아놓은 돈은커녕 당장 입에 풀칠한 돈도 없는가? 아이들 학비에 노후대비를 생각할 때마다 눈앞이 캄캄해지면서 가슴 한쪽이 아파오는가? 그리고 뭔가 아름다운 일을 하고 싶은데 돈이 없어서 후원자가 나타나기만 기다리고 있는가?

만일 그렇다면 자수성가한 사업가들을 찾아다니면서 그들의 VD를 배워라. 우리나라에서 부자가 된다는 것은 5천만 분의 9만9천이 된다는 의미다. 경제활동 인구만을 놓고 보아도 약 2천4백만 분의 9만9천이 된다는 뜻이다. 이 중에서 상속을 받거나 투기로 돈을 번 사람을 제외한 순수한 자수성가 부자는 생각 외로 적을 것이다. 이는 곧 부자가 되려면 평범한 사람의 사고방식으로는 어림도 없다는 이야기다. 또 이제껏 살아온 방식으로는 안 된다는 의미다. 당신의 모든 것을 혁명적으로 바꾸어야 한다는 뜻이다.

게으르고 나태한 삶, 열정과 도전이 부족한 삶을 버리고 자수성가의 길로 들어서라. 그동안 그토록 당신과 당신 가족을 괴롭

혀온 돈을 정복하라. 물론 깨끗한 방법으로 부자가 되어라. 그리고 그렇게 부자가 된 뒤에는 유일한 박사처럼 정신적 성공을 거두는 길을 향해 가라.

6

최근에 지방에 있는 한 중소기업에서 특강을 했다. 강의를 시작하기 전에 최고경영자와 티타임을 가졌는데 그가《꿈꾸는 다락방》을 펼쳐 보이면서 말했다.

"여기에 제 사업의 성공 비결이 다 적혀 있더군요. 정말 놀랐습니다."

그러면서 덧붙이기를, 외환위기 때 창업을 했는데 지금껏 잘 살아남았고 몇 달 뒤에는 한때 자기 회사보다 십수 배 큰 규모를 자랑했던 업계 초상위 기업을 인수할 계획이라고 했다.

그로부터 며칠 뒤에 이번에는 서울에 있는 한 중소기업에서 특강을 하게 되었다. 강의를 마친 뒤 최고경영자와 식사를 하고 일종의 드림 컨설팅을 해주었다. 수년 전, 그가 최고경영자로 취임했을 때 회사는 심각한 위기에 봉착해 있었다. 하지만 그는 걱정하지 않았다. 문제는 항상 외부가 아닌 내면에 있다는 사실을 잘 알았기 때문이다. 그는 임직원들과 함께 VD를 하기 시작했다. 그러자 모든 문제가 하나둘 순조롭게 풀리기 시작했다. 지금 그의 회사는 업계 최고 자리를 노리고 있다.

R=VD 공식을 우리나라에서 가장 열광적으로 받아들인 곳은 기업이다. 중소기업은 물론, 대기업들도《꿈꾸는 다락방》에 뜨겁게 반응했다. 대표적으로 삼성, LG, SK 등이 사내방송 및 특강 등을 통해 R=VD 공식을 전사적으로 보급했다. 특히 삼성 SDS와 LG 데이콤의 최고경영자는 언론과의 인터뷰에서 공개적으로《꿈꾸는 다락방》을 필독서로 추천하기도 했다. 또 여러 최고경영자들이 필자를 초빙해서 일대일 VD교육을 받기도 했다.

한 최고경영자는 기업인들이《꿈꾸는 다락방》에 열광하는 이유를 이렇게 설명했다.

"최고의 인재들이 최고의 기술과 최고의 데이터를 가지고 최상의 상품을 만들어내도 시장에서 외면 받는 일이 허다합니다. 하지만 고객들을 감동시키겠다는 꿈에 미친 사람들이 만들어낸 제품은 비록 많은 면에서 부족한 점이 있더라도 시장에서 외면 받는 일이 없습니다. 아니 고객들의 폭발적인 반응을 이끌어내면서 기업을 살립니다.《꿈꾸는 다락방》은 기업인들이 잘 알고 있다고 생각하면서도 곧잘 잊어버리기 쉬운 꿈의 힘을 다시 한 번 일깨워주었습니다."

고객들은 제품이나 서비스를 사는 것이 아니라 제품을 만든 사람이나 서비스를 제공하는 사람들의 마음을 산다. 이 원리를 잘 알고 있는 기업은 언제나 승승장구했고 모르는 기업은 비록 한때는 잘 나갔다 하더라도 결국엔 시장에서 사라졌다. 최고경영자 또한 마찬가지다. 임직원들이 자신을 따르는 게 아니라 자신이 보여주는 꿈을 따른다는 사실을 잘 아는 사람은 언제나 정상에서 있었지만 그렇지 못한 사람은 결국 밀려났다.

기업 경영에서 중요한 것은 사랑과 감사다. 가슴속이 고객을 향한 사랑과 감사로 넘쳐나는 기업은 자연스럽게 고객의 입장에서 생각하고 행동하게 된다. 회의 한 번을 해도, 제품 하나를 만들고 판매해도, 고객 불만 전화 한 통을 받아도 사랑과 감사로 가득하다. 이런 회사가 성장하지 않을 리 없다.

세계 경제는 갈수록 어려워진다고 한다. 기업들이 불황기에 저지르는 가장 중대한 실수는 경영의 초점을 생존에 두는 것이다. 최고경영자를 비롯해 모든 임직원이 생존 VD에 집중하면 어떤 일이 벌어질까? 다만 생존에 그치게 된다.

어려운 때일수록 경영의 초점을 거대한 성공에 두어야 한다. 그래야 생존을 넘어 성공으로 갈 수 있다. 또 불황기에는 비록 생존에 그치더라도 활황기에 거대한 성공을 거둘 수 있는 잠재력을 축적할 수 있다. 실제로 경제 불황이 끝나자마자 폭발적인 성장세를 보인 기업들은 경영의 초점을 거대한 성공에 두었다는 공통점을 갖고 있다.

기업의 거대한 성공은 고객들의 가슴을 울리는 제품과 서비스로부터 나온다. 누군가를 울리려면 어떻게 해야 할까? 먼저 자신이 울어야 한다. 누군가가 세상에 존재하고 있다는 사실 자체로 감사의 눈물을 흘릴 수 있어야 한다. 사랑과 감사의 VD가 기업경영에 반드시 필요한 이유다.

작년에 나는 한 대기업 팀장에게 고객을 향한 사랑과 감사의 VD를 하는 법을 가르쳐주었다. 그는 회사의 미래가 걸린 프로젝트 때문에 원형탈모증에 걸릴 정도로 고생하고 있었다. 팀원들과 아무리 머리를 맞대어도 도무지 묘안이 보이지 않았다. 급기야 그는 신경정신과 치료를 받아야 할 상황에 이르렀다. 나는 그에게 프로젝트에 대한 생각은 전부 내려놓으라고 했다. 그리고 마음속을 다음 그림으로 가득 채울 것을 권했다.

1. 사랑과 감사로 가득 찬 내 마음이 고객들의 마음속으로 흘러들어가서 그대로 행복이 되는 모습.
2. 언제나 고객들을 진실로 사랑하고, 고객들도 나를 언제나 진실로 사랑하는 모습.
3. 셀 수 없이 많은 고객들과 한 덩어리가 되어 기쁨의 춤을 추는 모습.
4. 수백, 수천 명의 고객들로부터 꽃다발을 선물 받고 복받쳐 오르는 감격을 이기지 못해 눈물 흘리는 모습.

5. 바다의 모래알같이 많은 고객들로부터 "이런 멋진 제품을 기획해주셔서 감사합니다!"라는 팬레터를 받는 모습.
6. 하늘의 별과 같이 많은 고객들로부터 "당신은 나를 행복하게 만들어주었어요!"라는 말을 듣는 모습.

사랑과 감사의 VD를 시작한 지 얼마 안 돼서 그는 프로젝트를 성공적으로 완수했다. 그리고 회사 일은 모두를 행복하게 만들기 위해서 하는 것이라는 아름다운 깨달음을 얻게 되었다. 원형탈모증이 감쪽같이 사라졌음은 두말할 것 없다.

만일 우리나라의 기업에서 일하는 모든 사람들이 고객을 향한 진실한 사랑과 감사의 VD를 할 수 있다면 세상은 어떻게 변할까? 이런 상상을 하는 것만으로도 행복한 미소가 지어진다.

7

독자 중에 치과대학을 졸업하고 치과병원을 운영하다가 보험영업의 길로 들어선 사람이 있다. 그는 비록 병원을 운영할 때보다 10분의 1 수준에 불과한 돈을 벌지만2007년 12월 기준 사람을 만나는 게 너무 좋아서 오늘도 기쁘게 세일즈를 하고 있다. 매주 화요일에는 장애인들에게 무료 진료를 하는 멋쟁이기도 하다. 그는 최단 기간에 MDRT백만 불 원탁회의에 가입할 정도로 탁월한 영업 능력을 가졌는데, 그 비결로 R=VD 공식을 들었다.

외국 계열의 한 생명보험 회사에서 특강을 했을 때의 일이다. 강의를 마치자 지점장이 연단으로 나와 이렇게 말했다.

"내가 FC 생활 3년 만에 전국 지점 중 최고의 실적을 올린 지점의 장이 된 비결이 바로 R=VD 공식입니다. 나는 '고객을 불러들이는 VD 기법' 고급 과정의 마니아이기도 합니다."

지인 중에 세일즈 심리학을 연구하는 사람이 있다. 그는 이름만 대면 알 만한 국내의 전설적인 세일즈맨들의 세일즈 비법을 수년째 연구해오고 있는데, 세일즈 테크닉은 각자의 개성에 따라 전부 다르지만 마음가짐은 똑같다는 사실을 발견했다. 그는 전설적인 세일즈맨들의 마음가짐을 'PCS Perfect Conviction System'라고 부르는데 다름 아닌《꿈꾸는 다락방》의 VD 기법이 PCS를 만들어내는 결정적인 요소라고 했다.

고객들은 세일즈맨이 권하는 상품이 아니라 세일즈맨을 산다. 그렇지 않다면 같은 회사의 같은 상품을 파는데 누구는 톱세일즈맨이 되고 누구는 평범한 세일즈맨이 되는 이유를 설명할 수 없다. 고객들은 세일즈맨의 무엇을 사는 걸까? 믿음이다. 세일즈 경력이 고작 하루에 불과하지만 고객의 생활은 물론이고 인생까지도 바꿀 수 있는 기회를 제공하는 일을 하고 있다는 믿음으로 가득 찬 사람과 세일즈 경력이 무려 10년에 달하지만 알게 모르게 믿음이 부족한 사람, 고객은 둘 중 누구와 계약할까? 내가 답하지 않아도 쉽게 짐작할 수 있을 것이다.

만일 내면의 믿음이 부족하다면 고객을 만나기 전에 단 10분이라도 '고객을 불러들이는 VD 기법'을 실천해보길 바란다. 단지 VD를 하는 것만으로 마음이 변하고, 얼굴 표정이 변하고, 목소리가 변하고, 태도가 변하는 것을 체험할 수 있을 것이다. 무의식 속에 숨어든 '거절 받지 않을까' 하는 두려움이 순식간에 빛나는 자신감으로 변화하는 것을 느낄 수 있을 것이다. 실제로 나는 많은 세일즈맨들에게 이 간단한 VD 기법을 처방해서 영업 능력을 3~5배로 끌어올려 준 경험이 있다.

어떤 사람들은 다른 것은 다 완벽한데 무의식 속에 숨어 있는 남모르는 열등감 때문에 최고의 세일즈맨이 되지 못한다. 고객들은 놀랍도록 예리하다. 만일 당신이 자부심을 갖고 있지 않다면 고객들은 그것을 안다. 이는 신뢰도 하락으로 이어지고 계약 불발이라는 최악의 상황을 만든다.

빛나는 자부심으로 가슴을 채우기를 바란다. 당신의 직업은 세상에서 가장 멋진 직업 중 하나다. 만일 그렇지 않다면 치과대를 나와서 병원장을 하던 사람이 세일즈맨의 길로 들어설 수 없다. 머리끝에서 발끝까지 뜨거운 자부심으로 무장한 세일즈맨들은 모두 거대한 성공을 거두었다. IBM을 창업한 토마스 왓슨 등이 대표적인 사례다. 그들은 말 그대로 온몸에서 빛이 나는 세일즈맨이었다.

눈부신 성공 VD로 무장하고 미래를 생생하게 꿈꿔라. 어떤 고객을 만나든 친구로 만들어버리는 그런 상황을 VD하라. 마음속이 확고한 신념으로 가득 차 있지 않다면 차라리 고객을 만나지 않는 게 좋다. 계약을 구걸하는 상황밖에 연출하지 못할 것이다. 진정한 세일즈맨은 고객에게 새로운 세계를 보여준다는 신념으로 충만하다. 고객의 생활은 물론이고 인생까지도 바꿀 수 있다는 확신이 넘쳐흐른다. 고객들은 그 신념과 확신에 반해서 난생 처음 보는 사람이 권하는 계약서에 흔쾌히 도장을 찍어주는 것이다.

연예인 못지않은 팬클럽을 거느린 톱 오브 톱 세일즈맨이 되고 싶다면 '고객을 불러들이는 VD 기법'을 실천하라. 세계적인 기업의 창업자로 변신해서 세일즈 제국을 건설한 위대한 세일즈맨들을 공부하라. 그들의 신념을 배우고, 노력을 배우고, 노하우를 배워라. 거기에 더해 당신만의 창조적인 세일즈 기법을 개발하라.

또 한국 최고를 꿈꾸지 말고 세계 최고를 꿈꿔라. 이제 우리나라에도 세계적인 세일즈 슈퍼스타가 몇 명쯤은 나와야 하지 않겠는가. 이렇게 놓고 보면 당신의 어깨에는 민족의 미래가 걸려 있다고도 할 수 있다. 이래서 꿈이 멋진 것이다. 처음에는 아주 작은 불꽃으로 시작하지만 어느새 전 세계를 태우는 거대한 무엇으로 성장하니까 말이다.

8

작년에 내 미니홈피를 거의 매일 들렀던 독자가 있었다. 20대 후반의 여성이었다. 내가 보기에는 나름대로 귀여운 구석이 있는 외모의 소유자였다. 그런데 어떤 사람들이 보기에는 그렇지 않았나 보다. 지인 십수 명과 들른 커피숍에서 잠시 인터넷을 했는데, 방명록을 달기 위해 방문한 그녀의 미니홈피 대문 사진을 보고 옆에 있던 사람이 "저건 차라리 미남과 야수다!"라고 했던 것을 보면. 또 그 말에 여러 사람이 동의를 표했던 것을 보면.

그 미니홈피 대문에는 남성 잡지 표지에서 방금 빠져나온 듯한 외모의 남성과 팔짱을 끼고 있는 그녀의 사진이 떡하니 있었다. 필자의 지인들은 네 명의 남자를 제외하고 전부 서른을 넘긴 여자들이었는데 사진을 보자마자 좀 짜증난다는 표정으로 험담을 쏟아내기 시작했다.

"이 남자, 배우인가?", "아니 모델 같은데?", "팬 사인회 같은 데 가서 찍었나 보군", "이 사람도 힘들겠다. 팬이라고 막 달라붙는데 안 찍을 수도 없고."

이 모든 부정적인 수군거림은 나의 다음 한 마디에 뚝 그치고 말았다.

"아니, 이 두 사람 연인 사이야!"

깜짝 놀란 그녀들은 잠시 멍한 표정이 되었다가 이내 속사포 같은 질문을 쏟아냈다.

"이 여자 재벌 2세야?", "의사나 변호사인가?", "로또 대박 난 여자 아냐?" 등등.

나는 다시 한 번 그녀들의 가슴에 비수를 꽂는 대답을 해주어야 했다.

"아니, 지극히 평범한 분이야. 경제적인 면이나 직업적인 면을 놓고 따지면 너희들이 훨씬 나을 거야."

그녀들의 얼굴이 순간적으로 어둡게 변했다. 그녀들은 이해할 수 없었던 것이다. 모든 면에서 자신들보다 훨씬 뒤떨어진다고 생각되는 사람이 어떻게 자기들은 꿈도 꾸지 못하는 그런 남자에게 공주님 대접을 받을 수 있는지. 참고로 말하면, 그녀들은 모두 남자친구가 없었다. 단 한 번도 남자친구를 사귀어보지 못한 사람도 몇 있었다. 나는 그녀들에게 내 독자가 R=VD 공식을 얼마나 순수하게 실천하고 있는지를 알려주었다. 그리고 이렇게 덧붙였다.

"왜 아직도 믿을 수 없다는 표정들이니? 이런 놀라운 사례를 접하면 마음 깊은 곳에서 뜨거운 희망이 솟구쳐 올라야지. 내가 보기에 너희들의 지금 이런 태도는 다른 누군가가 아닌 너희들 자신에게 안 좋은 거야. 지금 너희들은 자기 자신에게 '드라마 속에서나 나올 법한 사랑은 현실에서는 도저히 일어날 수 없다'라는 암시를 걸고 있어. 그 암시에 걸려 있는 한 너희들은 백마 탄 왕자님이 코앞에 다가와도 그게 기회인지조차 알 수 없을걸. 아니 심지어 왕자님이 한쪽 무릎을 꿇고 꽃다발을 바쳐도 '전 자격이 없어요!' 하면서 도망이나 치게 될 거야. 이분처럼 꿈 같은 사랑을 하고 싶다면 마음을 열어봐. 마음껏 꿈꾸고 그 꿈을 믿어봐. 꿈꾸기조차 두려워하는 그런 바보가 되지 말고."

그로부터 약 1년이 흘렀다. 안타깝게도 그녀들은 여전히 남자친구가 없다. 또 그녀들은 언제나 그렇듯이 우울한 예감에 사로잡혀 있다. '이러다가 결혼도 못하면 어떻게 하지?' 하는. 누군가의 결혼 소식이라도 들려오면 마치 배신이라도 당한 것 같은 감정을 드러내고, 누군가가 남자친구와 헤어졌다는 말을 들으면 '그럼 그렇지' 하면서 고소한 표정을 짓는다.

외모, 능력, 돈 등 소위 외적인 조건은 남녀 관계에 큰 영향을 발휘한다. 가난뱅이보다는 부자가, 추녀보다는 미녀가 이성을 사귀기 쉽다. 이것은 상식이다. 그러나 세상 모든 일이 그렇듯이 남녀 관계도 상식을 벗어난 사례가 얼마든지 있다. 미인대회에 나갈 정도의 외모를 자랑하는 여자가 마음에 드는 남자를 만나지 못해 마흔이 넘도록 혼자인 경우도 있고, 벤츠를 타고 다니는 남자가 역시 반쪽을 찾지 못해 매일 쓸쓸한 얼굴로 퇴근하는 경우도 있다. 한편으로 가진 것이라곤 젊음 하나뿐인 남자가 근사한 미인과 결혼하고, 보잘것없는 외모를 가진 여자가 백마 탄 왕자의 구혼을 받기도 한다.

외적인 조건은 내세울 것이 별로 없는데 이상형을 만나서 사귀고 결혼한 사람들을 만나보면 이들이 무모할 정도로 강한 무의식적인 믿음을 가지고 있었음을 알 수 있다. 필자의 지인 중에 병원장 아들에게 시집간 여자가 있다. 남편의 형제는 물론, 남편도 의사다. 놀라운 사실은 그녀가 미인과는 거리가 멀고, 뚱뚱한 편이고, 평범한 집에서 자랐고, 남편을 만날 당시에 실업자였다는 것이다.

지인을 통해 알아보니 그녀는 어린 시절부터 부자를 만나서 결혼하는 꿈을 강렬하게 꾸어왔다고 했다. 처녀 시절에도 입만 열면 "나는 부자에게 시집가서 편히 살 거야!"라고 말해서 친구들로부터 "그러려면 먼저 살이나 빼!"라는 소리를 귀에 딱지가 내려앉을 정도로 들었다고 했다. 다행스러운 점은 그녀가 '부자를 만나려면 먼저 살부터 빼야 한다'라는 부정적인 암시에 걸려들지 않았다는 사실이다. 대신 그녀는 '뚱뚱하든 날씬하든 나는 부자를 만나서 결혼할 거야'라는 긍정적인 암시에 걸려 있었다. 그 결과 아는 언니로부터 "옆구리가 시려서 힘들어하는 남자가 있는

데, 만나볼래?"라는 제의를 받았을 때 "언니 나 살 좀 빼고" 하면서 거절하는 대신 당당하게 "좋아!"라고 말할 수 있었던 것이다.

VD 기법은 연애, 결혼에 큰 효과를 발휘한다. 아직 이상형을 만나지 못했다면 무엇보다 마음을 활짝 열어라. 나도 얼마든지 좋은 사람을 만날 수 있다는 확신을 가져라. 주변에서 의외의 인물이 좋은 사람을 만나서 결혼한다는 소식을 들으면 내 일인 것처럼 기뻐하고 감사하라. 마음속을 이상형을 만나는 꿈으로 가득 채워라. 특히 내면이 아름다운 사람을 만나서 사랑하고 결혼하는 그림으로 채워라.

이런 그림을 그리는 행위 자체에 어떤 신비한 힘이 있는 것은 아니다. VD는 자기 자신에게 거는 암시다. VD를 하면 자기도 모르게 굉장한 자신감을 갖게 된다. 다름 아닌 이 자신감이 도도한 이상형의 마음을 사로잡는 비결이 된다.

나는 당신이 돈, 외모 같은 외적인 조건이 뛰어난 사람보다 내면이 아름다운 사람을 만나는 VD를 하기를 바란다. 내면이 아름다운 사람을 만나는 VD를 하면 마음이 굉장히 편안하고 행복해진다. 마음은 마음을 알아보는 법. VD를 하다 보면 당신의 내면의 아름다움을 알아본 어떤 아름다운 마음이 당신 곁으로 조용히 다가올 것이다. 사람들이 '운명'이라고 부르는 그런 인연이 당신에게 영원까지 함께하자며 수줍게 손 내밀 것이다.

꿈이 현실이 된 사람들의 이야기를 마치며

나는 하나님께서 인류에게 주신 아름다운 선물 중의 하나가 '꿈'이라고 생각한다. 우리 모두는 본래 꿈꾸는 자였다. 어린 시절, 우리의 마음속은 온통 꿈으로 가득 찼었고, 그로 인해 하루하루 설레고 가슴 벅찼다. 하지만 어느 날인가부터 우리는 꿈 대신 현실을 바라보기 시작했고 그때부터 삶은 팍팍하고 힘겨운 것이 돼버렸다. 이제 우리는 어린 시절의 순수함을 회복해야 한다. 현실을 보는 대신 꿈을 보고, 현실을 믿는 대신 꿈을 믿고, 현실에 얽매여 사는 대신 꿈을 추구하며 살아야 한다.

지난 16년 동안 불가능한 조건을 딛고 큰 꿈을 이룬 사람들을 2천여 명 넘게 조사하면서 내린 결론은 "그들은 다르다"는 것이다. 평범한 사람들과 비교할 때 생각하는 것, 말하는 것, 행동하는 것이 판이하게 다르다는 것이다. 한마디로 그들은 유년 시절의 순수함을 회복한 사람들이었다.

희망적인 사실은 내가 조사한 2천여 명이 대부분 처음부터 그렇지는 않았다는 것이다. 아니 그들 중 많은 사람이 가난했고, 능력이 없었고, 대인관계에 서툴렀고, 열등감에 시달렸다. 비참한 실패의 연속을 견디다 못해 삶을 버릴 시도까지 했던 사람들도 적지 않았다. 다만 그들에게는 아이처럼 꿈을 믿는 능력이 있었다. 포기해야 할 때 오히려 전진하는 위대한 어리석음이 있었다. 그들은 1,101명의 투자자로부터 1,101번의 거절을 받으면서도 꿈에 취한 행복한 얼굴로 1,102번째의 투자자를 찾으러 가는 KFC 창업자 커넬 샌더스 같은 사람들이었다.

나는 그들의 이야기에 깊은 감동을 받았고 그들의 사고방식을 하나의 공식으로 정리했다. 바로 R=VD 공식이다.

《꿈꾸는 다락방》이 세상에 나온 지 벌써 1년 8개월 가량 되었다. 이 책은 그 자체로 작은 기적이 되었다. 1년에만 무려 4만5천여 권의 신간이 쏟아져 나오고 우리나라 자기계발서 중 대략 한 권 정도가 종합 베스트 초상위권에 진입하는 현실에서, 그러니까 한 권의 자기계발서가 종합 베스트셀러가 될 확률이 약 4만5천

분의 1인 대한민국에서, 출간된 지 9개월 만에 느닷없이 종합 베스트셀러 초상위권에 진입했기 때문이다(한 대형 인터넷 서점에서는 종합 베스트셀러 1위에 올랐다). 또 일본, 중국, 싱가폴 등에 저작권이 수출되었는가 하면 아직도 종합 베스트셀러 상위권 자리를 지키면서 꿈다방 마니아를 양산해내고 있다(많은 독자들이 '꿈꾸는 다락방'을 세 글자로 줄여 '꿈다방'이라고 부른다).

도대체 어떻게 이런 일이 벌어질 수 있었을까? 나는 굳이 답을 말하고 싶지 않다. R=VD 공식의 힘을 아는 사람이라면 누구나 그 이유를 쉽게 짐작할 수 있으리라고 생각하기 때문이다.

지금보다 몇 배 나은 인생을 살고 있는 나 자신을 마음의 눈으로 바라보거나, 어떤 일을 하기 전에 그 일을 성공적으로 마치는 자기 자신을 생생하게 그려보거나, 무엇인가를 얻고자 할 때 그것을 이미 가진 자신의 모습을 꿈꿔보는 것은 인간이라면 누구나 가지고 있는 선천적인 능력이다. 다만 세파에 시달리면서 유년 시절의 순수한 믿음, 즉 비록 내가 지금은 어리지만 어른이 되면 대통령도 될 수 있고 세계적인 과학자도 될 수 있고 우리나라에서 가장 유명한 사람도 될 수 있다는 그런 가슴 두근거리는 꿈을 잃어버린 것뿐이다.

유치원이나 초등학교 시절, 음악 실기시험이나 체육 실기시험을 앞두고 그 시험을 성공적으로 치르는 자신의 모습을 생생하게 그려본 경험이 누구나 있을 것이다. 교육학자들의 말에 따르면, 이 경우 잠재력이 발휘돼서 평소보다 몇 배 뛰어난 실력이 나온다고 한다. 단지 마음으로 생생하게 꿈꾸는 것만으로 자신의 능력을 몇 배나 높일 수 있는 것이다. 이게 음악이나 체육 실기시험에만 통하는 것일까? 아니다. 인생의 거의 모든 면에 동일하게 적용된다.

여성이 매일 매 순간 갈수록 예뻐지는 자신의 모습을 생생하게 그리면 온몸의 세포들이 그 마음에 반응해서 외모를 실제보다 몇 배 돋보이게 만들어준다.

학생이 이해력과 집중력이 나날이 높아지는 자신의 모습을 매일 매 순간 생생하게 그리면 두뇌가 그 간절함에 영향을 받아 점점 천재적인 두뇌로 변화한다.

세일즈맨이나 자영업자가 고객이 홍수처럼 밀려드는 상상을 매일 매 순간 진심을 담아서 하면 자기도 모르게 얼굴에서 빛이 나고, 그 밝고 자신감 넘치는 얼굴이 고객의 마음을 사로잡는다.

지금은 감히 꿈꾸기조차 두려운 삶이라도 이미 선물로 받았다고 믿고 온 마음을 다해 간절하게 꿈꾸면 언젠가 그 삶을 살 수 있는 기회가 기적처럼 주어진다.

그런데 안타깝게도 많은 사람들이 나이를 먹을수록 꿈꾸는 법을 잊어버린다. 대입 시절에는 좋은 대학에 가지 못할까 봐 두려워하고, 대학생이 되어서는 취직 때문에 힘들어하며, 사회에 나와서는 일과 인간관계로 인한 스트레스 속에 쌓여 지낸다. 마음을 다해서 미래를 생생하게 꿈꾸는 시간은 아예 없거나 설령 있더라도 '그렇게 될 수만 있다면 얼마나 좋겠어' 하면서 소극적으로 임한다. 이러니 인생이 풀릴 리 없다. 마음이 미래로 향해야 창조적인 행동이 나오고 그 결과 삶이 획기적으로 바뀌는데 마음 자체가 꽉 막혀 있으니 안 되는 생각, 안 되는 행동만 나오고 삶은 서서히 벼랑 끝으로 치달아가는 것이다.

나폴레옹의 사례를 보자. 그는 유년 시절의 경험을 유년 시절의 추억으로 묻어두지 않았다. 그는 음악이나 체육 실기시험에 적용되는 상상력의 힘이 인생의 모든 면에도 동일하게 적용된다는 사실을 이해했다. 실제로 그는 자신의 불리한 현실적 조건을 보는 대신 언제나 마음속의 상상력으로 빚어낸 위대한 미래를 보았다. 비록 그리 좋지 않은 성적으로 사관학교를 졸업했지만 그는 수석 졸업생들을 제치고 프랑스의 가장 유명한 장군이 된 자신의 모습을 그릴 줄 알았다. 또 프랑스 식민지 출신이었음에도 불구하고 프랑스의 황제가 된 자신의 모습을 그릴 줄 알았고, 반역죄 혐의를 받고 감옥에 갇혔을 때조차도 위대한 영웅이 되어서 감옥 문을 나서는 자신의 모습을 그릴 줄 알았다. 그러나 후일 그가 자신의 꿈대로 프랑스의 황제가 되었을 때, 그는 전과 달리 자기 자신의 믿음보다는 권력을 의지하기 시작했고 그때부터 서서히 몰락했다.

생각해보면 위인들은 모두 나폴레옹 같은 믿음을 가진 사람들이다. 위인들의 공통점은 마치 어린아이들이 그렇듯이 불가능한 꿈을 꾸고, 그 꿈이 반드시 이루어질 거라고 온 마음을 다해서 믿었다는 사실이다. 일례로 링컨을 생각해보자. 그는 수천 년간 내려온 악습인 노예제도를 폐지할 수 있다는 불가능한 꿈을 꾸었고, 자신의 꿈이 이루어진다는 사실을 추호도 의심하지 않았다. 만일 링컨이 자신의 꿈 대신 현실을 보았다면 과연 노예제도가 폐지될 수 있었을까? 절대로 그럴 수 없었을 것이다.

위인들이 꿈을 이루기 위해서 사용한 R=VD 공식은 다름 아닌 당신 자신이 유년 시절에 본능적으로 사용했던 것이다. 그것은 '사랑'이나 '감사'처럼 하나님께서 인류에게 주신 선물이다. 태초부터 지금까지 위대한 일을 한 모든 사람들이 공통적으로 사용한 꿈의 공식이다.

사실 우리는 R=VD 공식을 터득하려 애쓸 필요가 없을지도 모른다. 유년 시절의 순수한 믿음만 회복하면 되기 때문이다. 세파에 찌든 마음을 버리고 옹달샘처럼 맑디맑은 유년의 마음으로 당신의 꿈을 돌아보라. 그리고 그 꿈을 믿어보라. 삶의 모든 면을 긍정하고 세상이라는 무대의 주인공이 된 당신의 모습을 그려보라. 매일 매 순간 진심에 진심만을 담아서 그렇게 해보라. 많은 것들이 순식간에 바뀌고, 행복과 기쁨과 감사와 성공이 마치 기적처럼 찾아들 것이다.

여기에 실린 이야기들은 모두 실제다. 나는 언젠가 지금 이 글을 읽고 있는 당신의 이야기를 내 책에 싣고 싶다. 나는 언제나, 언제까지나 당신의 꿈을 응원한다. 그리고 당신을 기다린다.

《꿈꾸는 다락방》을 읽어주신 모든 독자님들께 감사드리며

2008년 겨울 어느 날에

부록 2

《이지성의 꿈꾸는 다락방》 사용 설명서

Q 《꿈꾸는 다락방》은 어떻게 집필하게 되었나?

: 나는 본래 글쓰기와는 거리가 먼 삶을 살던 사람이었다. 책도 《북두신권》이나 《드래곤볼》 같은 만화책을 주로 읽는 사람이었고. 그런데 1993년 3월, 그러니까 스무 살 3월에 학교 도서관에서 책을 읽다가 작가가 되고 싶다는 꿈을 갖게 되었다. 주변 사람들은 모두 내 꿈을 무시하고 비웃었다. 하지만 도서관의 책들은 내 꿈을 응원해주었다. 아니 꿈이 이미 이루어졌다는 사실을 믿으면 언젠가 그 믿음이 현실이 된다는 것을 알려주었다.

나는 내가 알게 된 사실을 세상에 널리 알리고 싶었다. 그래서 R=VD에 관한 자료들을 모으기 시작했다. 그렇게 13년 넘는 세월이 흘렀다. 2006년 어느 날, 이제는 책을 써도 되겠다는 판단을 했고 몇 개월 동안 책의 제목과 목차 등을 구상했다. 그리고 마침내 2007년 1월에 집필을 시작했다. 원고는 약 2개월 만에 끝냈다. 14년 가까운 세월 동안 공부하고 실천한 내용이라 빠르게 쓸 수 있었다.

Q 《꿈꾸는 다락방》은 어떻게 세상에 나올 수 있었나?

: 무명 작가 시절, 어떤 출판사도 나에게 원고 집필 의뢰를 하지 않았다. 하지만 나는 늘 썼다. 그리고 원고를 완성하면 수십 곳의 출판사에 보냈다. 그러면 한두 출판사에서 출간하고 싶다는 의사를 밝혀왔다. 《꿈꾸는 다락방》은 그런 식으로 출간된 나의 열세 번째 책이다(《꿈꾸는 다락방》은 2007년 5월에 출간되었다).

Q 《꿈꾸는 다락방》은 국민 베스트셀러가 되었다. 책을 쓸 때 예상했었나?

: 당연히 그렇게 될 것이라고 생각했고, 믿었다. 그런데 2007년 한 해 동안은 그렇게 많이 사랑받지 못했다. 내 기억으로 약 3만 부 정도 판매된 것으로 알고 있다. 당시에 편집자가 무척 안타까워했다. "이 책이야말로 베스트셀러가 되어야 하는 책인데" 하면서 말이다. 그때마다 나는 이렇게 말해주었다. "이 책은

언젠가 반드시 베스트셀러 1위가 될 것이고 1백만 부 이상 팔릴 것이니 걱정하지 말라"고.

2007년 10월에 출간된 《여자라면 힐러리처럼》이 두 달 만에 20만 부 넘게 팔리면서(이 책은 총 50만 부 가까이 판매되었다) 나는 14년 7개월에 달하는 무명 작가 시절을 청산하고 베스트셀러 작가가 되었다. 《여자라면 힐러리처럼》을 읽은 독자들이 《꿈꾸는 다락방》을 찾기 시작했고, 《꿈꾸는 다락방》이 베스트셀러가 되었다. 이후 《꿈꾸는 다락방》은 베스트셀러 1위의 자리에 올랐고 2백만 부 넘게 팔렸다(《꿈꾸는 다락방》 시리즈는 250만 부 이상 판매되었다).

Q 출간된 지 1년 정도가 지나서 베스트셀러가 된 건데, 이런 경우는 흔하지 않다. 어떻게 생각하나?

: 내가 좋아하는 말이 있다. "다른 누군가가 이룬 꿈은 나도 얼마든지 이룰 수 있다"이다. 나는 스무 살 때부터 작가의 꿈을 키우면서 국내외 베스트셀러 작가들의 인터뷰를 참으로 많이 읽었다. 그때 알게 되었다. 출간되고 오랫동안 주목받지 못했지만 어느 날 갑자기 베스트셀러가 된 책들이 있고, 이를 통해 베스트셀러 작가가 된 사람들이 있다는 사실을. 나는 언젠가 나에게도 같은 일이 일어날 것이라고 믿었다. 그러니까 《꿈꾸는 다락

방》이 뒤늦게 베스트셀러가 된 것은 내가 오랫동안 가져왔던 믿음이 현실이 된 것에 불과하다.

Q 《꿈꾸는 다락방》은 많은 사람들의 인생을 바꾼 책으로 알고 있다. 여기에 대해서 이야기해 달라.

: 무일푼에서 수십, 수백 억대의 자산가가 된 사람들, 평범한 직장인에서 성공한 CEO로 변신한 사람들, 단기간에 성적을 올려 원하는 대학에 합격한 사람들, 불가능해 보이는 취직에 성공한 사람들, 평범한 연습생에서 유명 연예인이 된 사람들, 평범한 선수에서 올림픽 금메달리스트가 된 사람들, 영업 꼴찌에서 영업 왕이 된 사람들, 생각처럼 풀리지 않는 연애 때문에 마음고생을 심하게 했지만 기적처럼 아주 어릴 때부터 꿈꾸어오던 사람을 만나 결혼한 사람들……. R=VD 공식을 통해 꿈을 이룬 사람들의 이야기는 셀 수 없이 많다. 가슴 벅찬 사실은 R=VD 공식을 활용해서 꿈을 이룬 사람들이 지금 이 순간에도 쏟아지고 있고, 미래에도 쏟아질 거라는 것이다.

Q R=VD 공식으로 꿈을 이룬 사람들에게는 어떤 공통점이 있는가?

: 그들은 《꿈꾸는 다락방》의 메시지를 진심으로 받아들이고 실천했다.

R=VD 공식에는 왜 그토록 강력한 힘이 있는 건가?

: 성서의 말씀에 의하면, 인간은 하나님의 형상을 따라 창조되었다. 이는 무슨 의미인가. 인간의 내면 깊숙한 곳에는 우주만물을 창조한 창조주의 편린이 있다는 것이다. 그것은 바로 '믿음'이다. 자신이 꿈꾸는 것을 이미 이루었다고 믿는 마음이다. R=VD 공식은 인간으로 하여금 무슨 일이든 이루게 하는 위대하고 놀라운 힘인 믿음을 흔들어 깨운다. 그리고 믿음을 현실로 만들어준다. R=VD가 지상 최강의 성공 공식인 이유다.

어떤 사람들은 R=VD 공식을 사용하면 전혀 노력하지 않아도 원하는 것을 얻을 수 있다고 생각한다. 여기에 대해서 말해준다면?

: 《꿈꾸는 다락방》은 노력을 부정하지 않는다. 이 책은 자기계발 서적이기 때문이다. 자기계발은 기본적으로 치열한 노력을 전제로 한다. 《꿈꾸는 다락방》에 사례로 나오는 인물들을 보라. 세상에서 가장 뜨겁게 노력한 사람들이다. 그런데 문제는 노력만으로는 노력 이상의 것을 얻을 수 없다는 것이다.

대표적으로 에스테 로더의 사례를 보자. 그녀는 화장품 제조와 판매에 관해 열심히 공부했고 최고의 실력을 갖추게 되었다. 즉 그녀는 노력한 만큼의 실력을 얻게 되었다. 하지만 그녀의 화장품 가게는 여전히 동네 가게 수준을 벗어나지 못했다. 에스테 로더는 자신의 꿈을 이루기 위해서는 노력 이상의 무엇이 필요하다고 판단했고, 그때부터 R=VD 공식을 목숨 걸고 실천했다. 그러자 놀랍게도 그때부터 그녀의 화장품이 동네 가게를 벗어나 미국 최고의 백화점에 입점하기 시작했고, 전 세계로 판매되기 시작했다.

Q 기본적으로 치열한 노력이 있어야 한다는 말을 들으니 뜨거웠던 마음이 살짝 식는 기분이다. 꼭 노력해야만 성공할 수 있나?

: 사실 노력은 성공의 결정적인 요인이 아니다. 아니 솔직히 말하면 노력은 성공과 전혀 상관없다. 즉 노력하지 않아도 얼마든지 큰 성공을 거둘 수 있다. 대표적으로 오나시스의 사례를 보자. 그는 세계 최고의 부자가 되겠다는 꿈을 가지고 있었다. 하지만 꿈을 이루기 위한 어떤 노력도 할 수 없었다. 당시에 그는 외국인 비정규직 노동자였기 때문이다. 한번 생각해보라. 한국의 대형마트에서 비정규직으로 일하고 있는 동남아 청년이 빌 게이츠보다 많은 부를 쌓기 위해 할 수 있는 노력이 뭐가 있을까? 오나시스가 바로 그런 경우였다.

하지만 오나시스는 R=VD 공식의 힘을 알고 있었다. 그래서 매주 토요일마다 최고급 레스토랑에 가서 VD를 했다. 그러자 어느 날, 그리스 선박 재벌 코스타 그레초가 무아지경 상태로 VD를 하고 있는 오나시스에게 흥미를 느껴 말을 걸었고, 이를 계기로 오나시스는 코스타 그레초의 전폭적인 신뢰와 지원을 등에 업고 선박계에 입문했다. 이후 오나시스는 코스타 그레초를 뛰어넘는 선박 왕이 되었고, 세계 최고의 부자가 되었다.

여기서 우리가 주의 깊게 살펴보아야 할 사실이 있다. 오나시스는 코스타 그레초를 만나기 위해서 어떤 노력도 기울인 적이 없다. 그는 단지 레스토랑에 앉아서 VD를 했을 뿐이다.

Q 노력과 VD의 관계에 대해서 정리를 해준다면?

: 우리에게는 아주 어릴 때부터 주입된 믿음이 있다. 바로 '노력한 만큼 성공한다'라는 것이다. 그래서 우리는 성공하기 위해 치열하게 노력한다. 이때 자신이 누구도 따라올 수 없을 만큼 최고의 노력을 기울이고 있다는 사실을 알게 되면 자기도 모르게 스스로에게 이렇게 말하게 된다. "이 정도로 노력했으니 난 성공할 수밖에 없어!" 즉 우리는 노력이라는 수단을 통해 성공의 확신(VD)을 갖게 된다. 경험해보면 알겠지만 이렇게 생긴 확신은 절대로 흔들리지 않는다. 나날이 커지고, 깊어지고, 강해진다. 그리고 반드시 현실(R)이 된다.

그런데 많은 사람들이 이를 오해한다. '열심히 노력한 결과 성공할 수 있었다'고 생각하는 것이다. 하지만 아니다. 앞에서 말했듯이 노력이라는 수단을 통해 성공 VD, 즉 '나는 성공할 수밖에 없는 사람'이라는 믿음을 가질 수 있었기에 성공한 것이다. 즉 'VD=R'이다. '노력=R'이 아니다.

Q 만일 완벽한 VD를 할 수 있다면 노력 없이도 VD를 현실로 만들 수 있다는 이야기인가?

: 정신이 물질계에 머물러 있는 사람들에게는 절대로 받아들여질 수 없는 진실을 말하자면, 인간은 VD만으로 모든 꿈을 이룰 수 있다(단, 영혼의 구원처럼 하나님의 영역에 속하는 것은 예외다). 그런데 안타깝게도 VD만으로 모든 꿈을 이룰 수 있는 인간은 존재하지 않는다. 인간에게는 의식과 무의식이 있는데, 인간의 무의식은 생존 RAS, 즉 '의심'과 '불안'으로 대표되는 부정적인 VD에 사로잡혀 있기 때문이다(RAS에 대해서는 64~69쪽을 참고하라).

누누이 말했듯이 VD는 R이 된다. 우리네 삶에 아픔과 고통, 슬픔이 그토록 많은 이유는 우리의 무의식을 지배하고 있는 부정적인 VD들이 평생에 걸쳐서 R이 되기 때문이다. 그래서 이런 말도 있지 않은가.

"나를 가로막은 것은 언제나 나 자신이었다."

Q **'나를 가로막고 있는 나 자신'을 '나를 성공으로 이끄는 나 자신'으로 변화시키려면 어떻게 해야 하나?**

: '나를 가로막고 있는 나 자신', 즉 무의식에게 모든 진심을 다해서 이렇게 말해주면 된다. "넌 잘되고 잘되고 잘되고 잘되고 잘되고 잘되고 잘되고 잘되고 잘되고…(되도록 '잘되고'를 100번 이상 반복할 것을 추천한다) 평생 잘될 테니까 아무 걱정 마! 넌 그저 눈부시게 빛나는 미래를 상상하면서 지금 이 순간 행복을 느끼면 되는 거야! 넌 이미 성공했어! 넌 이미 세상을 다 가졌어! 넌 최고야!" 그러면 부정적인 VD로 가득 찬 무의식이 성공 VD로 가득 찬 무의식으로 바뀐다. 동시에 두뇌의 생존 RAS가 성공 RAS로 바뀐다. 그리고 이때부터 인생이 바뀌는 기적이 일어나기 시작한다.

Q **14년 7개월 동안 무명 작가 생활을 한 것으로 알고 있다. 혹독하고 처절한 세월이었다고 들었다. 무명 작가 시절 스스로에게 들려준 말이 있는가?**

: 인간이 스스로에게 들려줄 수 있는 긍정적인 말은 모두 들려준 것 같다. 놀라운 사실은 그렇게 치열하게 나 자신에게 긍정적인 말을 들려주다 보니 어느 순간 그 말들이 내면의 용광로에서 녹여져 한 편의 시詩가 되었다는 것이다. 그리고 그 시는

현실이 되었다는 것이다.

Q 부정적인 VD로 가득 차 있던 무명 작가의 무의식을 성공 VD로 가득 채워준 그 시를 어디에서 만나볼 수 있는가?

: 내 무명 작가 시절의 꿈과 아픔을 이야기하고 있는 《스무 살, 절대 지지 않기를》(차이정원)에 실려 있다.

Q 어쩌면 그 시는 많은 사람들의 인생을 바꿔줄 수 있을 것 같다. 《스무 살, 절대 지지 않기를》에 실려 있는 그 시를 지금 이 자리에서 공개해줄 수는 없는가?

: 그 시의 제목은 〈지금 당장 해야 하는 말〉이다. 내용은 아래와 같다.

내가 오늘 너에 대해서 생각해보았는데 말이지.
"넌 잘될 거야!"
"정말 잘될 거야!"
"심히 잘될 거야!"
"진짜 잘될 거야!"
아니, 이런 말들로는 한참 부족해.
"넌 말이지. 인류 역사가 시작된 이래 너보다 더 잘 풀리는 인생을 산 사람이 없었다는 소리를 듣게 될 거야."

다시 한 번 말해줄게.

"네가 꾸는 꿈은 다 이루어질 거야."

"네가 바라는 소원도 모두 이루어질 거야."

"네가 사랑하는 사람들도 다 잘될 거야."

"네가 만나는 사람들도 모두 잘될 거야."

"넌 복 받았어. 하나님께 엄청난 복을 받았어. 그래서 넌 말이지. 잘돼! 무조건 잘돼!"

자, 여기까지 눈으로 읽었지?

이제 소리 내서 읽어볼까?

두 손을 가슴에 모으고 네 자신에게 씩씩하게 말해줘.

앞에서 내가 네게 해준 이야기들을 그대로 들려줘.

네 두뇌와 심장 속에 각인이 될 때까지 외쳐줘.

"넌 참으로 잘될 거야!"라고.

Q 본문에서 VD가 건강을 지켜주고 병을 치료하는 데 큰 효과가 있다고 밝혔다.

: 건강 VD와 치료 VD를 한다는 건 내가 나의 건강과 병의 치유를 위해 온 마음을 다하고 있다는 것이다. "지성이면 감천"이라는 말이 있다. 그토록 지극정성으로 자신의 건강을 소망

하고 병의 치유를 소망하는데 효과가 없을 리 있겠는가. 그것은 의학이나 VD의 영역이라기보다 차라리 상식의 영역에 속한다고 할 수 있다.

《꿈꾸는 다락방》을 출간하고 감사했던 것은 많은 병원, 특히 암 병동으로부터 《꿈꾸는 다락방》에 나오는 건강 VD와 치료 VD에 관한 내용을 환자들을 위한 교재로 사용해도 되겠느냐는 요청을 받은 것이다. 당연히 기쁜 마음으로 허락해드렸다. VD가 건강과 병의 치유에 큰 도움이 되니까 그런 요청이 들어오는 것 아니겠는가. 부디 더 많은 병원에서 《꿈꾸는 다락방》이 교재로 사용되기를 바랄 뿐이다. 그러면 참으로 많은 환자들이 도움을 받을 것이고, 나는 그만큼 행복해질 것이다.

Q 수재들의 시험 VD와 고객을 밀물처럼 불러들이는 영업 VD도 인상적이었다.

: 이제 시험 VD는 공부 혁명을 일으키고자 하는 학생들 사이에서는 일종의 상식이 되어버린 것 같다. 원래부터 탁월한 성적을 자랑했던 학생들이 R=VD 공식을 실천해서 자신이 속한 그룹의 수준을 순식간에 뛰어넘는 일, 그러니까 반에서 상위권이던 학생이 전교 최상위권으로 점프한다거나 전교 상위권이던 학생이 전국 최상위권으로 점프하는 일이 다반사로 일어나고 있고,

공부에 마음을 붙이지 못해 늘 하위권을 맴돌던 학생이 R=VD 공식을 실천하면서 자신의 잠재력을 깨닫고 공부에 맹렬하게 돌진해서 상위권으로 올라서고 마침내 자신이 원하는 학교에 들어가는 일 또한 다반사로 일어나고 있기 때문이다.

영업 VD는 각계의 영업 왕들과 가게 문을 열기만 하면 밀물처럼 밀려드는 고객을 어쩌지 못해 늘 행복한 비명을 지르는 업주들에게는 원래부터 상식이었다.《꿈꾸는 다락방》의 다른 모든 VD가 그렇듯이 영업 VD도 영업계의 왕들과 전설들이 구사한 마음의 비법을 정리한 것에 불과하다. 부디 왕들과 전설들의 비법이 오늘도 영업이 생각처럼 잘 안 돼서 애가 타는 사람들에게 전해졌으면 한다. 그러면 그들의 사업이 나날이 번창할 것이고, 그들이 행복해지는 만큼 나도 행복해질 테니 말이다.

Q 흙수저 집안 출신이고, 통장에 잔고는커녕 빚만 잔뜩 있다. 내 유일한 소망은 R=VD 공식을 실천해서 부자가 되는 것이다. 과연 가능할까?

: 내 페이스북에 어느 독자가 올린 글이 있다. 병원에서 물리치료사로 일하다가 1천만 원으로 사업을 시작했는데 10년 만에 300억 원대의 사업체로 성장시켰다는 내용이다. 서울 홍대에서 그를 직접 만난 적이 있다. 그때 그는 자신이 성공한 비결로

성공 VD와 감사 VD를 들었다. 그러면서 이런 부탁을 해왔다.

"우리 직원들은 전국 최고 수준의 능력을 가지고 있습니다. 그리고 너무 착하고 성실합니다. 그런데 R=VD 공식을 모릅니다. 성공 VD와 감사 VD를 할 줄 모릅니다. 저는 그게 너무 안타깝습니다. 저는 직원들에게 VD를 알려주고 싶습니다. 그들을 모두 성공자로 만들어주고 싶습니다. 언제 한번 작가님께서 오셔서 저희에게 VD 지도를 해주셨으면 좋겠습니다."

사실 나는《꿈꾸는 다락방》을 출간하고 지난 10년 동안 성공자들로부터 이런 식의 고백과 부탁을 줄기차게 들어왔다. 그들에게는 다음 세 가지 공통점이 있다.

1. 흙수저 집안 출신이다.
2. 무일푼 또는 빚쟁이 시절에 부자가 되겠다고 결심하고 R=VD 공식을 목숨 걸고 실천했다.
3. 진짜로 부자가 되었다.

여기서 유의해야 할 점이 있다. 그들은 단순히 부자가 되고 싶다는 생각을 한 것이 아니다. 그들은 목숨 걸고 부자가 되겠다고 결심했다. 만일 부자가 되지 못한다면 차라리 죽는 게 낫다는 마음가짐이 있었다. 그리고 자신이 이미 부자가 되어 있는 미래를 생생하게 꿈꾸면서, 그 미래에 대해 진심으로 감사했다.

만일 당신이 무일푼 또는 빚쟁이에서 수백 억대의 부자로 성장한 사람들의 공통점을 자신의 것으로 만든다면 당신은 그들처럼 부자가 될 것이다. 부디 당신이 성공 VD와 감사 VD를 통해 가난의 수렁을 탈출하게 되기를 빈다. 당신이 꿈꾸는 수준의 부를 얻게 되기를 빈다. 그리고 무엇보다 행복한 부자가 되기를 빈다.

Q 마음속에 담아둔 사람이 있다. 온종일 그 사람을 생각한다. 그런데 지금 내 처지로는 불가능해 보인다. 어떻게 해야 할까?

: 최근에 내가 출간한 책이 있다. 클레오파트라의 꿈과 사랑에 대해 다룬 책이다. 제목은 《스무 살 클레오파트라처럼》(차이정원)이다. 이 책에는 첩의 딸, 못생긴 외모, 떠돌이 여왕이라는 세 가지 악조건을 극복하고 당시 서양 세계 최고의 남자였던 카이사르와 안토니우스를 사랑의 포로로 만든 클레오파트라의 이야기가 나온다. 나는 여기서 클레오파트라의 비법을 공개하면서 특별한 에피소드 두 개를 덧붙였다. 나는 질문에 대한 답이 여기에 있다고 믿는다. 두 에피소드를 읽으면서 스스로 답을 찾아보기 바란다.

에피소드 1

내 독자 중에는 연예인이 제법 있다. 한때 우리나라를 대표하는 걸그룹의 CD에 내 이름이 올라간 적이 있다. 한 유명 가수가 라디오 방송에 나와서 "소원이 뭐냐?"는 진행자의 질문에 "이지성 작가를 만나는 것이다"라고 대답한 적도 있다. 이외에도 많은 일화가 있다. 내 자랑을 하고자 이런 이야기를 하는 것은 아니다. 사실 난 이런 이야기를 한 적이 거의 없다. 연예인과의 친분을 과시하는 것은, 작가에게 별로 어울리지 않다고 생각해서였다. 내가 연예인 이야기를 꺼낸 것은, 그들과 친분을 맺으면서 알게 된 한 가지 사실을 나누고 싶어서다.

난 유명 연예인들은, 아니 유명하지 않더라도 남자 연예인들은 모두 절세미녀와 사귀는 줄 알았다. 물론 그런 사람들도 있었다. 하지만 모두가 그런 것은 아니었다. 적지 않은 연예인들이 평범한 외모의 여자들과 사귀고 있었다. 심지어 어떤 이들은 평범한 여자친구의 노예처럼 살고 있었다.

난 궁금했다. 도대체 연예인과 사귀는 여자들은 어떤 마인드를 가지고 있을까 하는 궁금증이었다고나 할까. 난 궁금한 건 잘 못 참는 성격이다. 그래서 인터뷰를 한 결과 놀라운 사실을 알게 되었다. 연예인을 남자친구로 두고 있는 여자들은 모두 '나는 언젠가 연예인과 사귄다'는 확신을 갖고 있었던 것. 방송에 나오는 여자 연예인 빰치는 외모를 가진 여자든, 거리에 나서면 얼마든지 볼 수 있는 흔한 외모를 가진 여자든 똑같았다.

그런데 안타까운 이야기를 하자면, 적지 않은 여자들이 연예인 남자친구 때문에 힘들어하고 있었다. 대표적으로 A는 상습적으로 바람을 피우는 것을 넘어서 텐프로 유흥주점에서 아예 살다시피 하는 유명 연예인 남자친구 때문에 힘들어하고 있었는데 그녀는 나와의 대화 중에 자기도 모르게 이런 말을 했다.

"휴, 제가 이 남자를 처음 만날 때부터 예감했었어요. 지금처럼 참 많이 가슴 아파하면서 살게 될 거라고요. 그래요. 이 남자를 처음 만난 그날부터 제 마음속엔 지금 같은 슬픈 만남을 이어가고 있는 제 모습이 그려지고 또 그려졌거든요. 어느 날 작가님의 책을 읽고 제가 이렇게 살고 있는 건 어쩌면 제가 마음속으로 이런 미래를 그렸기 때문은 아닐까 하는 생각을 했어요. 앞으로는 마음속으로 새로운 그림을 그리려고요. 이젠 이 남자의 그늘에서 벗어나서 당당하게 내 인생을 살고 싶어요. 나만을 진실로 사랑해주는 남자를 만나고 싶어요. 그래서 열심히 VD를 하고 있어요. 언젠가 제 VD가 강력해지면 그땐 이 남자를 미련 없이 떠날 수 있으리라 믿어요."

나는 A와의 대화 중에 소름이 돋는 것을 느꼈고, '클레오파트라'의 관점으로 다시 그녀들과 인터뷰를 해보았다. 그리고 남자친구 때문에 힘들어하고 있는 대부분의 여자들이 A와 비슷한 마음 상태라는 것을 알게 되었다.

반면 남자친구에게 강력한 지배력을 행사하고 있는 여자들의 마음 상태는 A와 정반대라는 사실을 알게 되었다. 대표적으로 L은 남자친구를 마치 노예처럼 관리하고 있었는데, 이렇게 말했다.

"잘생기고 멋진 남자들이 의외로 강한 여자한테 약해요. 뭐 반반한 얼굴 덕에 평생 예쁨만 받고 살아왔는데 얼마나 심약하겠어요. 그들은 본능적으로 알고 있어요. 자신이 약하다는 걸. 그래서 본능적으로 강한 여자를 찾아요. 그런데 연예인은 말이죠. 잘생기고 멋진 남자들이 갖고 있는 약함에 더해, 우울증에 대인기피증에 공황장애까지 있거든요. 무대 위에서나 완벽하지 현실에선 중 2하고 다를 바 없어요. 이런 남자들은 한없이 무너져 내리는 자신을 강력하게 붙들어줄 여자가 필요하죠. 그게 저 같은 여자예요. 그래서 애기가 엄마한테 껌 딱지처럼 붙어 있듯이 제 남자친구가 저에게 붙어 있는 거예요. 물론 저라고 불안하지 않을 때가 없는 것은 아니에요. 사실 늘 불안하죠. 하지만 그럴수록 마음을 강하게 먹어요. 그를 강력하게 지배하면서 바른 사랑의 길로 인도하는 내 모습을 온 힘을 다해 그리고 또 그리죠. 그러다 보면 제 온몸에서 엄청난 에너지가 뿜어져 나와요. 그리고 실제로 그를 지배하게 되죠. 이게 제 비결이라면 비결이라고 할 수 있겠네요."

에피소드 2

달동네에서 살던 시절의 일이다. 그날도 평소와 다름없이 치열하게 글을 쓰고 있는데 문 두드리는 소리가 났다. 이 밤중에 누굴까 했더니 교회 청년부에서 꽃미남으로 소문난, 거의 모든 자매들이 이상형으로 손꼽는 K였다. 잠시 후 난 K가 사온 1.5리터짜리 사이다에 포테이토칩을 안주삼아 마시면서 K의 하소연을 듣고 있었다. K의 고민은 자신에게 2년 넘게 일방적으로 사랑을 강요(?)하는 C 때문에 힘들다는 것. 다음은 당시에 K와 내가 나눈 대화의 한 부분이다.

"형, C는 진짜 제 스타일이 아니거든요. 제가 교회에 나갈 때마다 C 때문에 괴로워 죽겠어요. 형은 자매들하고 많이 친하잖아요. 형이 좀 C에게 제 마음을 이야기해주시면 안 될까요? 제발 불쌍한 영혼 하나 구해준다고 생각하고 해주세요."

"도대체 C의 어디가 그렇게 싫은데? 난 나름 괜찮은 아이라고 생각하는데."

"그냥 제 스타일이 아니에요. 단 한 번도 C를 여자라고 느껴본 적이 없어요."

"알았다. 내가 한번 이야기해보마."

며칠 뒤 나는 한 유명 아이스크림 가게에서 C를 만났다. K의 말을 전달하자, 그녀는 분노한 얼굴로 자리를 박차고 일어섰다.

그러고는 다음 말을 남기고 쌩하니 가버렸다.

"저도 알아요. 제가 못생겼다는 거. K 오빠가 사람들 앞에서는 여자 외모를 절대 안 따지는 것처럼 말하고 행동하지만 사실은 은근 외모를 많이 따진다는 것도 잘 알아요. 그래서 제가 K 오빠 맘에 전혀 안 찬다는 것도 잘 알아요. 하지만 이런 식은 진짜 아니라고 생각해요. 본인이 직접 와서 말하든가. 아무 상관도 없는 오빠에게 이렇게 말하도록 하는 거 정말 실망이에요."

난 미안하고 민망한 마음에 얼굴이 새빨개졌다. 그날 밤 난 C에게서 문자를 받았다.

「지성 오빠, 아까는 미안했어요. 그런데요. 난 K 오빠 포기 못해요. 내 남자니까요.」

나는 순간 가슴이 꽉 막혔다. 그래서 이런 답장을 보냈다.

「알아, 네 마음. 솔직히 난 널 응원하고 싶지. 그런데 K는 좋아하는 자매가 있잖아. 그 뮤지컬인가 뭔가 하는 자매.」

「그리고 너도 오늘 느꼈겠지만 K, 걔 좀 인간이 덜 됐잖아. 자매들 앞에서는 온갖 착한 척 다하지만 사실은 그렇지 않다는 거. 다 인기 끌려고 하는 짓이고, 녀석의 실체는 이기심 그 자체라는 거.」

그러자 바로 이런 문자가 왔다.

「알아요. 하지만 K 오빠는 결국 나랑 결혼하게 될 거예요. 그리고 오빠의 잘못된 부분은 제가 다 고쳐줄 거예요.」

나는 더 이상 대답할 수가 없었다. 며칠 전 내 방에 찾아온 K가 사이다를 마치 소주처럼 마시면서 털어놓은 말이 가슴을 옥죄었기 때문이었다.

"형, 전 뮤지컬 하는 P가 좋아요. 마침 지금 서로 잘되고 있어요. 곧 사귀게 될 것 같아요. 솔직히 P, 진짜 연예인처럼 예쁘잖아요. 옷도 잘 입고. 밝고 화사하고 상냥하고. 저랑 정말 잘 어울리는 커플이 될 것 같아요."

난 그만 신경 끄고, 글을 쓰기로 했다. 예배도 일부러 청년부를 피해서 드렸다. 그렇게 몇 달이 지났고, 난 우연히 교회 카페에서 만난 자매들에게서 C의 소식을 들었다. C는 K에게 상처를 크게 받았고, 교회를 옮겼다고 했다. 그 뒤로 약 1년 가까이 C의 소식을 듣지 못했다.

그러다가 어느 날 교회에서 C를 보게 되었다. 내가 깜짝 놀라서 어떻게 된 일이냐고 물으니 그녀가 생글생글 웃으면서 대답했다.

"K 오빠랑 결혼하려고요. 이제 저도 곧 서른인데, 슬슬 준비해야죠."

며칠 뒤 K는 내 자취방을 다시 찾아왔다. 이번에는 교회 형제들과 함께였다. 그날도 K는 사이다를 연거푸 들이마시면서 C 때문에 괴로워 죽겠다고 했다.

그 뒤로 2년 정도가 흘렀다. 그동안 C는 한결같이 K에게 "오빠는 나랑 결혼할 운명!"이라고 선언했고, K는 그때마다 괴로워했다.

이제 두 사람의 결론을 이야기하자. 두 사람은 C가 다시 교회로 돌아온 지 2년째 되던 해 어느 날 느닷없이 사귀기 시작했고, 사귄 지 석 달 만에 결혼했다. 지금 둘 사이에는 애가 둘 있다.

나는 C가 K와의 결혼에 대해서 부정적인 이야기를 하는 것을 단 한 번도 본 적이 없다. 심지어 C는 K에게서 "너처럼 못생긴 애는 진짜 내 스타일이 아니니까 이만 꺼져줄래!"라는 소리를 듣고 충격을 받아 교회를 다른 곳으로 옮길 때에도 "나중에 같이 살면서 나한테 얼마나 미안해하려고 그런 소리를 해!"라고 했을 정도였다.

나는 생각한다. C는 K와의 결혼에 확신이 있었고, 그 확신을 끝까지 지켰기에 마침내 확신이 현실이 되는 것을 경험했다고.

후일 두 사람을 만나 커피 한잔할 기회가 있었다. 난 K에게 물었다.

"너 인마, 만날 C 싫다고 난리더니 이게 무슨 짓이야? 떡하니 결혼을 해버리고! 그건 그렇고 너한테 무슨 일이 있었던 거야?"

K가 환하게 웃으면서 대답했다.

"진짜 그때는 왜 그렇게 제가 바보였는지 모르겠어요. 이토록 귀하고 소중하고 아름다운 사람인데, 왜 그렇게 몇 년 동안 밀어내기만 했는지. 지금 생각하면 그 시간들이 너무 아까워요. 그래도 고맙죠. 집사람이 저를 포기하지 않아줘서요."

내가 미간을 살짝 찌푸리며 다시 물었다.

"그런 얘긴 둘이 집에 가서 하고. 도대체 뭣 때문에 느닷없이 사귀고 결혼까지 한 거냐고?"

그러자 K가 머리를 긁으면서 이렇게 답했다.

"글쎄요. 저도 잘 모르겠어요. 어느 순간부터 집사람이 조금씩 마음속에 들어오기 시작하더니, 갑자기 저를 사로잡아버리더라고요. 그때 이 사람 아니면 죽는다는 강렬한 깨달음을 얻게 되었어요. 집사람이 혹시나 다른 남자에게 갈까 봐 두렵기도 했고요. 그래서 급해졌던 것 같아요. 그런데 지금도 이유를 잘 모르겠어요. 내가 왜 그렇게 갑자기 돌변했는지."

이때 조용히 듣고 있던 C가 끼어들었다.

"내가 늘 마음속으로 그 순간을 그리고 있었으니까. 오빠가 내게 사랑을 고백하고 청혼을 하는 그 순간을. 그리고 우리가 이렇게 함께 살고 있는 순간들을. 내가 간절하게 그리고 또 그렸으니까. 오빠, 세상에 이유 없이 벌어지는 일은 없어요. 특히 불가능해 보이는 사랑이 이루어지는 일은 더욱 그래요."

Q 당구 실력은 물론이고 미모로도 유명한 차유람 국가대표 당구 선수를 아내로 맞이한 것도 R=VD 공식의 힘인가?

: 아내와의 결혼은 인간의 수준, 즉 R=VD 공식을 넘어선 차원의 복이었다. 이는 분명히 하나님으로부터 온 선물이었다. 하지만 한편으로 내 안에는 믿음이 있었다. 아내 같은 사람을 운명적으로 만나고 모든 차이를 뛰어넘어 기적 같은 결혼에 이르는. 내 안에 그런 믿음이 있었기에 하나님의 큰 복이 임했다고 생각한다. 내 안의 믿음에 대해서는《스무 살, 절대 지지 않기를》에 나오는 다음 시詩에 잘 밝혀놓았다고 생각한다.

많은 사람들이 궁금해해.
어떻게 마흔이 넘은 나이에
그토록 아름답고 유명한,
그것도 이십 대인 사람하고
진실한 사랑을 하고
결혼까지 할 수 있었냐고.
비결은 간단해.
난 언제나 그런 사랑을,
그런 결혼을 꿈꾸었어.
그리고 믿었어.

스물아홉 살 12월 31일에도,

서른아홉 살 12월 31일에도

변함없이 믿었어.

그러니까 너도 한번 믿어봐.

네 마음을 다해,

네 영혼을 다해, 믿어봐.

Q 하나님 이야기가 나왔으니 기독교 이야기를 해보자. 어떤 기독교인들은 R=VD 공식을 비성경적이라고 생각한다. 하나님께 기도로 구해야 할 것을 인간 내면의 힘으로 구한다는 것이다. 어떻게 생각하나?

: 한국 교회가 세속화되다 보니 성경 대신 기복祈福을 가르친다. 기복이란 무엇인가? 세상적으로 잘되기를 구하는 것이다. 그러나 성경은 세상적으로 잘되기를 구하라고 가르치지 않는다. 오직 '하나님 나라와 그의 의'를 구하라고 가르친다. 그렇다면 하나님 나라와 그의 의는 무엇일까? 예수 그리스도다.

성경은 말씀하신다. 예수 그리스도의 의 외에 다른 모든 세상적인 것들은 배설물에 불과하다고. 성경의 관점으로 보면 미국 대통령의 권력이나 빌 게이츠의 재산도 배설물에 불과하다. 그런데 일부 한국 교회는 자꾸 배설물을 구하라고 가르친다. 서울대 합격이나 사업 성공 같은 훌륭한(?) 배설물을 얻는 행위로 하나님께 영광 돌리라고 가르친다. 이는 성경적인 관점에서 보면 완벽하게 틀린 가르침이다. 하나님의 영광은 오직 예수 그리스도이기 때문이다.

아프리카 오지나 무슬림 지역에서 목숨 걸고 예수 그리스도를 전하는 선교사의 삶은 하나님께 영광이 될 수 있다. 그러나 명문대에 합격하거나 좋은 직장에 취업하거나 경제적으로 성공하거나 유명 인사가 되는 것들은 하나님께 영광이 될 수 없다. 이런 것들은 그저 인간의 소원 성취에 불과하다. 결론적으로 말해서 성경을 제대로 읽은 사람이라면 '기도'와 'R=VD 공식'을 절대로 같은 선상에 놓을 수 없다. 기도는 하늘에 속한 것이고 R=VD 공식은 땅에 속한 것이기 때문이다.

Q 기독교인은 세상적으로 잘되기를 절대 구하지 않아야 한다는 말인가?

: 여기에 대해서 성경은 분명하게 말씀하고 계신다. 먼저 하나님의 나라와 그의 의를 구하라고. 그러면 다른 것들은 알아서 더해주신다고 말이다.

Q 성경에는 금과 은을 포함한 세상 모든 것이 하나님의 것이라고 분명하게 선포되어 있지 않은가? 때문에 기독교인은 하나님께 금과 은으로 상징되는 세상적 복을 구해야 하는 것 아닌가?

: 고작 금과 은뿐이겠는가. 고작 세상 모든 것뿐이겠는가. 언젠가 소멸되는 우주 만물은 물론, 영원과 영원 너머의 것들도 모두 하나님의 소유다. 때문에 기독교인은 영적인 것이든 세상적인 것이든 모두 하나님께 구해야 함이 옳다. 내가 본문에서 R=VD 공식이 신약성서에 나오는 예수 그리스도의 말씀 "네가 믿은 대로 되리라"로부터 비롯되었다고 설명한 배경이 여기에 있다. 하지만 이는 성경 말씀을 세상적으로 풀이한 것에 불과하다. 즉 복음의 본질이 아니다. 하나님께서는 성경을 통해 말씀하고 계신다. 기독교인이라면 금과 은이 아니라, 세상적인 것이 아니라 먼저 하나님의 나라와 그의 의, 즉 예수 그리스도를 구하는 게 옳다고 말이다. 그러면 다른 모든 것은 알아서 더해주시겠다고 약속까지 하고 계신다. 기독교인이라면 이 진리를 깨달아야 한다.

Q 성경과 자기계발 서적의 차이점을 말해준다면?

: 성경은 하나님께서 예수 그리스도를 주제로 쓰신 책이고 자기계발 서적은 인간이 인간 세상에서 성공하는 법을 주제로 쓴 책이다. 자기계발 서적을 열심히 읽고 제대로 실천하면 누

구나 큰 성공을 거둘 수 있다. 그러나 이를 통해 죄 사함을 받거나 영혼의 구원을 받거나 천국에 갈 수는 없다. 이는 전적으로 성경의 영역이다.

Q 기독교인인데 세상적으로 잘되고 싶다. 그래서 R=VD 공식을 열심히 실천하고 있다. 잘못된 것인가?

: 인간은 누구나 의식적으로든 무의식적으로든 R=VD 공식을 실천하고 있다. 단지 긍정적인 방향으로 실천하고 있느냐 부정적인 방향으로 실천하고 있느냐의 차이가 있을 뿐이다.

기독교인은 R=VD 공식을 과학이나 의학처럼 하나님께서 인류에게 선물로 주신 것이라고 생각하고 감사하며 사용하면 되지 않을까. 그리고 R=VD 공식을 사용해서 얻은 것들을 복음 전파와 가난하고 헐벗은 사람들을 돕는 데 쓰면 되지 않을까. 물론 이는 전적으로 내 개인적인 의견임을 밝힌다.

Q 어떤 사람들은 《꿈꾸는 다락방》을 가리켜 한국판 《시크릿》이라고 한다.

: 《꿈꾸는 다락방》이 《시크릿》보다 먼저 출간되었다. 그리고 두 책은 분야가 다르다. 《꿈꾸는 다락방》은 자기계발 분야고, 《시크릿》은 오컬트 계열의 종교 분야다.

Q 《시크릿》이 오컬트 계열의 종교 서적이라는 소리는 처음 듣는다.

: 19세기 미국에서는 '신사상(신사고) 운동New Thought Movement'이라는 종교운동이 일어났었다. 주로 백인 중산층이 빠져들었다고 한다. 이 종교운동의 특징은 힌두교의 '끌어당김의 법칙'을 부와 건강 같은 물질적인 영역에 적용했다는 점이다.

20세기 들어서 신사상 운동은 진짜 종교가 되었다. 현재 미국 전역에는 신사상 종교기관이 광범위하게 퍼져 있다. 신사상 운동 신도들은 자신들의 종교기관을 '교회'라 부르고, 종교기관 종사자를 '목사'라 부른다. 신사상 운동 목사 중에 가장 유명한 사람은 잠재의식에 관한 책을 쓴 조셉 머피 박사고, 가장 유명한 신도는 오프라 윈프리다. 《시크릿》에 나오는 목사도 신사상 운동 목사다.

《시크릿》은 처음엔 신사상 종교기관에서 운영하는 서점에서만 판매되었다. 이후 일반 서점으로 진출했는데 자기계발 분야가 아닌 오컬트 분야로 분류됐다. 지금도 아마존을 비롯 대부분의 미국, 유럽 서점은 《시크릿》을 오컬트 계열의 종교 서적으로 분류하고 있는 것으로 알고 있다.

Q 힌두교는 브라만교가 아닌가. 그런데 '끌어당김의 법칙'에 브라만은 나오지 않는다.

: 힌두교에 따르면 브라만은 '우주space'라는 다른 이름을 가지고 있다. 즉 브라만은 우주다. 힌두교는 '끌어당김의 법칙'을 사용해서 힌두교의 진리, 즉 브라만을 끌어당기라고 가르친다. 반면 신사상 운동은 우주, 즉 브라만에게 소원을 빌어서 부와 건강을 끌어당기라고 가르친다. 한마디로 신사상 운동은 힌두교 이단이라고 할 수 있다.

Q 《시크릿》을 비롯 '끌어당김의 법칙'을 다루는 책에는 하나같이 성경 말씀이 등장한다. 힌두교보다는 기독교에 가까운 것 아닌가?

: 19세기 미국인은 대부분 기독교인이었고 그들에게 성경은 절대적인 책이었다. 신사상 운동가들은 이 사실을 잘 알고 있었다. 한마디로 그들은 신사상 교리를 보다 잘 전파하고자 성경 말씀을 이용한 것뿐이다. 그래서 어떤 이들은 신사상 운동을 두고 힌두교 이단과 기독교 이단의 결합이라고 말하기도 한다.

'끌어당김의 법칙'에 관한 책에는 인간의 범죄와 타락, 예수 그리스도의 십자가 사건과 부활 사건, 예수 그리스도의 재림과 최후의 심판 같은 성경의 핵심 내용이 전혀 나오지 않는다. 한마디로 '끌어당김의 법칙'은 성경의 모든 것, 즉 예수 그리스도와 어떤 관련도 없다.

Q '끌어당김의 법칙'은 순전히 거짓이라는 건가?

: 우리가 한국에서 미국으로 가려면 비행기를 타야 한다. 정상적인 사람이라면 비행기를 이동 수단으로 생각하지 종교의 대상으로 삼지 않는다. 우리가 알고 있는 '끌어당김의 법칙'을 만들고 전파한 사람들, 즉 신사상 운동가들은 비행기를 종교로 삼은 사람들이라고 할 수 있다. 그들은 인간을 성공으로 인도해주는 도구에 불과한 '내면의 힘'을 힌두교의 신과 동급으로 올려놓고 종교 행위를 했다. "우주(브라만)에게 소원을 빌면 이루어진다", "우주(브라만)에 신호를 보내면 응답한다" 류의 메시지가 대표적이다.

물론 신사상 운동가들이 우주를 신으로 섬기든 말든 그것은 그들의 자유다. 그런데 이런 내용이 우리나라에는 거의 알려지지 않았다. 나는 이것을 문제 삼고 있는 것뿐이다. '끌어당김의 법칙'이 거짓인지 아닌지는 각자가 판단할 문제라고 생각한다.

Q 이번 10주년 개정증보판에는 초판에서 삭제했던 내용들이 복원되어 있다.

: 《꿈꾸는 다락방》이 출간되었을 당시만 해도 우리나라 사람들에게는 소리 VD, 글 VD, 장소 VD 같은 기본 VD 기법조차 매우 낯선 개념이었다. 그런데 초판에는 이 기본 VD 기법에 통

달한 뒤에야 비로소 제대로 실천할 수 있는 '파티 VD 기법', '정신적 영화관 기법', '상상의 멘토 만들기' 같은 심화 VD 기법이 함께 실려 있었다. 여기서 예기치 못한 문제가 발생했다.

일부 성급한 독자들이 기본 VD 기법을 건너뛰고 심화 VD 기법으로 넘어갔다. 그들 대부분이 실패했다. 당연한 일이다. 자유형도 할 줄 모르는 사람이 잠수 기술을 배워서 한강을 건너려고 하는 격이니까 말이다. 아무튼 나는 그들을 보면서 심화 VD 기법은 우리나라에는 시기상조일 수 있겠다는 생각을 했고, 과감히 삭제를 결정했다.

하지만 지금은 그럴 염려가 없다고 판단된다. 이제 우리나라에서도 기본 VD 기법은 상식에 가까운 것이 되었기 때문이다. 이번에 《꿈꾸는 다락방》 10주년 개정증보판을 준비하면서 문득 이런 생각을 했다. '이미 기본 VD 기법을 잘 알고 있고, 또 잘 실천하고 있는 독자들에게 가장 필요한 것은 심화 VD 기법이 아닐까?' 다음날 나는 오래된 원고 뭉치 속에서 심화 VD 기법을 찾아냈다. 4부의 'VD 기법 : 심화편'은 그렇게 복원됐다.

Q **심화 VD 기법은 언제 삭제된 건가?**

: 2009년 1월로 기억한다.

《꿈꾸는 다락방》 초판이 2007년에 발행된 것으로 알고 있는데, 초판이 나온 지 1년 8개월 만에 삭제가 되었다. 물론 독자들을 위한 조치였지만 꼭 그렇게까지 할 필요가 있었나? 또 심화 VD 기법을 삭제하지 않고 그냥 놔두었더라면 책의 판매량도 지금보다 훨씬 많았을 것 같다.

: 사실 나는 심화 VD 기법을 삭제하는 문제를 놓고 몸이 아플 정도로 고민했다. 그건 마치 내 손으로 내 살과 뼈를 잘라내는 것과 다를 바 없었기 때문이다. 하지만 나는 죽더라도 독자는 살아야 한다는 마음으로 삭제를 결정했었다. 이 결정에는 그때나 지금이나 추호의 후회도 없다. 심화 VD 기법의 삭제가 책 판매량에 부정적인 영향력을 미친 것은 사실이다. 출판사에서도 강력하게 반대를 했었다. 하지만 여기에 대해서도 역시 추호의 후회도 없다. 판매량보다 중요한 것은 독자라고 생각하기 때문이다.

기본 VD 기법과 비교한다면 심화 VD 기법은 얼마나 강력한가?

: 기본 VD 기법이 하버드대 학생들이 구사하는 공부 기술이라고 한다면 심화 VD 기법은 노벨상 수상자들이 구사하는 공부 기술이라고 할 수 있다. 그 정도로 두 기법 사이에는 거대한 격차가 존재한다. 하지만 내가 늘 이야기하듯이 기법보다 중요한 것은 꿈을 믿는 마음이다. 제아무리 대단해 보이더라도 기법

은 결국 믿음이라는 달을 가리키는 손가락에 불과하기 때문이다. 이 사실을 잘 알고 심화 VD 기법을 사용한다면 어떤 꿈이든 이룰 수 있다고 생각한다.

Q 《꿈꾸는 다락방》을 "지금은 성공의 꿈을 꾸더라도 나중에는 성자의 꿈을 꾸어라"라는 구절로 마무리했다. 무슨 의미인가?

: 1929년 미국의 한 호텔에 당시 세계 최고의 성공자 9명이 모였다. 그들은 모두 R=VD 공식을 잘 알았고, 잘 실천하고 있었다. 심지어 그들 중 한 명은 R=VD 공식이 미국에 뿌리를 내리는 데 큰 역할을 했다. 하지만 약 20년 뒤 그들은 모두 실패자가 되었다. 세계 최대의 철강회사를 소유하고 있었던 찰스 슈와브는 파산자가 되었고, 미국 최고의 증권회사를 경영하던 리처드 휘트니와 미국 최대의 공공사업체를 이끌던 사무엘 인슐은 감옥에 있었다. 세계 최고의 에너지회사를 갖고 있었던 하워드 홉슨은 정신병자가 되었고, 국제청산은행장 레온 프레이저는 자살로 생을 마감했다. 나머지 4명도 파산, 수감, 자살로 생을 마쳤다.

오랜 시간 세계 최고의 성공자라 불렸던 그들은 왜 하나같이 비참하고 불행한 결말을 맞이하게 되었을까? 성공의 꿈은 있었지만 성자의 꿈은 없었기 때문이다.

성자의 꿈은 나눔이다. 나는 성공자들을 수천 명 넘게 연구하면서 나눔을 진심으로 실천한 사람들만이 하나같이 삶을 행복하게 마감했음을 알게 되었다. 나는 독자들이 R=VD 공식을 실천해서 단순히 성공하는 것을 넘어 진정으로 행복해지기를 소망했다. 그래서 《꿈꾸는 다락방》을 위의 구절로 마무리했다.

Q **폴레폴레 카페 회원들과 전국 지역아동센터를 대상으로 인문학 교육 봉사활동을 하고, 해외 빈민촌에 학교와 병원을 지어주는 프로젝트를 하고 있다고 들었다.**

: 2008년부터 시작한 봉사 프로젝트다. 지역아동센터를 대상으로 하는 인문학 교육 봉사활동은 천여 명이 넘는 자원봉사자들이 다녀갔다. 해외 빈민촌에는 현재 22개의 학교를 지었다. 인도, 라오스, 캄보디아, 베트남, 차드, 짐바브웨, 탄자니아, 시리아 난민 캠프 등 국가도 다양하다. 앞으로 총 100개의 학교를 지을 계획이다.

Q **해외 빈민촌에 단순히 학교를 지어주는 게 아니라 지속적으로 교육 프로젝트를 진행하고, 팬들과 함께 서번트 투어를 떠나기도 한다고 들었다.**

: 내가 추구하는 것은 교육을 통한 지역사회의 변화다. 그래야 빈곤의 고리가 끊긴다. 그런데 이런 변화는 단지 학교 한

채를 지어준다고 생기는 것이 아니다. 지속적인 교육적 관심과 후원이 있어야 가능하다.

2016년 말에 요르단에 위치한 시리아 난민 캠프에 약 4천만 원을 후원해서 교실과 양계장을 지어주었다. 직접 방문해보니 체계적인 교육 프로젝트가 절실해 보였다. 다행히 그곳 교사들이 서양 사립학교 수준의 교육과정을 준비하고 있었다. 그런데 돈이 없어서 진행하지 못하고 있었다. 한국에 돌아와서 2차 지원을 결정했고, 2017년 봄에 3천5백만 원을 더 후원했다. 덕분에 난민 캠프 교사들이 계획한 대로 교육이 이루어지게 되었다.

나는 언젠가 시리아 난민 캠프를 다시 방문해서 한 달 이상 체류할 계획이다. 첫째는 난민 캠프의 교육 프로젝트가 잘 이루어지고 있는지를 살펴보기 위해서고, 둘째는 만일 그곳에 본이 될 만한 좋은 교육적 마인드와 방법이 있다면 그것을 한국에 알리기 위해서다. 내 경험에 따르면 이렇게 지속적인 관심과 후원이 있어야 지역사회가 변한다. 물론 쉽지 않은 길이다. 하지만 어려운 만큼 좋은 결과가 있기에 반드시 가야만 하는 길이다.

서번트 투어는 내가 해외 빈민촌 학교에 가서 봉사활동을 해보니 너무 좋아서—뭐랄까, 죽었던 심장이 다시 뛰는 기분이랄까—시작한 여행 프로젝트다.

서번트servant, 즉 섬김이라는 말에는 두 가지 의미가 있다. 첫째,

해외 빈민촌 아동을 섬긴다. 둘째, 나 자신을 섬긴다. 서번트 투어를 떠나보면 알게 된다. 내가 한국에서 얼마나 찌든 삶을 살고 있었는지. 내 영혼이 얼마나 탁해지고 망가졌는지. '과연 이런 곳에서 사람이 살 수 있나?' 하는 생각이 절로 드는 해외 빈민촌에서 굶주리고 있는 아이들을 먹이고, 며칠씩 목욕하지 못한 아이들을 씻기고, 이제 막 지어진 학교 벽에 벽화를 그리고, 교실 보수공사를 하고……. 그렇게 며칠을 지내다 보면 누구나 깨닫게 된다. '내가 사람이구나! 영혼을 가진 존재구나! 내 삶의 목적은 돈이 아니라 사랑이구나!' 하고 말이다. 그리고 서번트 투어를 마치고 한국으로 돌아갈 무렵엔 모두 깨닫게 된다. '지구에서 가장 헐벗고 굶주리고 있는 아이들을 섬기러 왔다고 생각했는데 오히려 아이들에게 영혼의 섬김을 받고 가는구나!'라고 말이다. 그래서 서번트 투어, 섬김의 여행이다.

Q 서번트 투어는 누구나 참여할 수 있는가?

: 그렇다. 누구나 떠날 수 있다. 단 서번트 투어 공지는 폴레폴레 카페에서만 접할 수 있다.

Q 10년 전에 《꿈꾸는 다락방》을 처음 출간하면서 "지금은 성공의 꿈을 꾸더라도 나중에는 성자의 꿈을 꾸어라"라는 말로 끝을 맺

었다. 이번 10주년 개정증보판의 끝은 어떤 말로 맺고 싶은가?

: 10년 전과 똑같다. 지금은 성공의 꿈을 꾸더라도 나중에는 성자의 꿈을 꾸어라, 이 말로 끝을 맺고 싶다. 인간의 모든 꿈은 궁극적으로 '나눔'을 향해야 한다고 믿기 때문이다. 나눔은 우리 삶의 목적인 '사랑'의 시작이자 끝이다. 꿈의 다른 이름은 사랑이다. 즉 당신이 꿈꾸기를 선택했다는 것은 사랑과 나눔을 선택했다는 의미다. 당신의 꿈이 사랑으로 충만한 것이 되기를. 당신의 삶이 나눔으로 가득하기를. 나는 진심으로 기도하고 또 기도하겠다. 당신의 꿈을 응원한다.

2017년 6월 어느 날에

· 참고 도서 ·

이 책에 실린 사례들은 다음 자료에 나온 내용을 재구성한 것이다. 일부분을 참고한 경우는 페이지까지 기재했고, 전체를 참고한 경우는 도서 이름만 기재했다.

1 《리더십의 법칙*Developing the leader within you*》 존 맥스웰 | 강준민 역 | 비전과리더십 (275쪽)

2 《우연의 일치: 신의 비밀인가 인간의 확률인가*Beyond coincidence*》 마틴 플리머 외 | 김희주 역 | 수희재 (180~197쪽)

3 《아무것도 못 가진 것이 기회가 된다*Winning 101*》 밴 크로치 | 윤규상 역 | 큰나무

4 《하고 싶은 일을 하라*Discovering yourself*》 오리슨 스웨트 마든 | 박정숙 역 | 다리미디어 (246쪽)

5 《에스테 로더 자서전》 에스테 로더 | 정성호 역 | 어문각

6 《선박왕 오나시스》 월터 프라이 샤워 | 석광인 역 | 동서문화사 (92~103쪽)

《2달러를 빌린 백만장자*The instant millionaire*》 마크 피셔 | 지소철 역 | 밀리언하우스 (34쪽)

7 〈Success partner〉 조원기 | 2004년 10월호

〈21세기 성공 에세이, 파블로와 선박왕 오나시스〉 이진우 | 뉴스 프리즘 (2006. 11. 17.)

8 《숨은 권력자, 퍼스트레이디*Hidden power*》 케이티 마튼 | 이창식 역 | 이마고 (201쪽)

《재키 스타일*Jackie style*》 패밀러 클라크 키어우 | 정인희 역 | 푸른솔 (226쪽) 외 5권

9 《나만의 80/20 법칙 만들기*Living the 80/20 Way*》 리처드 코치 | 신동기 역 | 21세기북스 (79쪽)

《C학점의 천재 스티븐 스필버그*Steven Spielberg*》 조셉 맥브라이드 | 임혜련 역 | 자연사랑 외 20여 권

10 《백만장자처럼 생각하라*How to think like a millionaire*》 마크 피셔, 마크 앨런 | 강주헌 역 | 국일미디어 (98쪽)

11 《선박왕 오나시스》 윌터 프라이 샤워 | 석광인 역 | 동서문화사 (181쪽)

12 《호텔왕 힐튼 자서전*Be My Guest*》 콘래드 힐튼 지음 | 박강수 역 | 삼성출판사

13 《마음을 열어주는 101가지 이야기2 *101 More stories to open the heart and rekindle the spirit*》 잭 캔필드, 마크 빅터 한센 | 류시화 역 | 이레 (190~192쪽)

14 《월트 디즈니》 존 마슈즈 | 박재삼 역 | 동서문화사 (174~177쪽)

15 《꿈을 도둑맞은 사람들에게*Dare to win*》 잭 캔필드, 마크 빅터 한센 | 김재홍 역 | 현재 (69쪽)

16 《바라는 대로 이루어진다》 디팩 초프라 | 도솔 역 | 황금부엉이

17 《원인과 결과의 법칙*As a man thinketh*》 제임스 알렌 | 안희탁 역 | 지식여행

18 《독수리처럼 나비처럼: 성공의 원리*The success principles*》 잭 캔필드, 재닛 스위처 | 조찬비 역 | 청미래 (13~16쪽)

19 《두뇌운동*Mozart's brain and the fighter pilot*》 리처드 레스탁 | 이경민 역 | 이레 (55쪽)

20 《성공한 CEO에서 위대한 인간으로*The autobiography of Andrew Carnegie*》 앤드류 카네기 | 박상은 역 | 21세기북스

21 《놓치고 싶지 않은 나의 꿈 나의 인생1*Think and grow rich*》 나폴레온 힐 | 권혁철 역 | 국일미디어 (19쪽)

22 《당신의 소중한 꿈을 이루는 보물지도*幸せな寶地圖であなたの夢がかなう*》 모치즈키 도시타카 | 은영미 역 | 나라원 (144~145쪽)

23 《세계 최고의 부자 록펠러*John D. Rockefeller : anointed with oil*》 그랜트 시걸 | 전은지 역 | 베다니

24 《꿈을 현실로 만든 128가지 이야기》 신경직 편저 | 국민일보 (189쪽)

25 《상신 리자청》 홍하상 | 중앙M&B

26 《1퍼센트 부자의 법칙*齋藤一人の絶對成功する千回の法則*》 사이토 히토리 | 이정환 역 | 한국경제신문

27 《두뇌혁신 학습법*思うように時間がとれない大人のための科的勉法*》 후쿠이 가즈시게 | 임수진 역 | 동양문고

28 《생명을 살리는 수학》 배종수 | 김영사

29 《나는 오늘도 희망의 자장면을 만든다》 남상해 | 명진출판

30 《친구야 선물이야*Dare to win*》 잭 캔필드, 마크 빅터 한센 | 김재홍 역 | 예문 (207~210쪽)

31 《세일즈 마스터의 비밀 노트*Top vendeur*》 이브라힘 엘피키 | 최우형 역 | 더난출판

32 《성공의 심리학*Mindset*》 캐롤 드웩 | 진성록 역 | 부글북스

33 《그래도 나는 부자다》 니시다 이쿠오 | 김윤희 역 | 봄 출판사 (59~60쪽)

34 《폴 마이어와 베풂의 기술*Paul J. Meyer and art of giving*》 존 해기아이 | 장만기 역 | 김영사

35 《독수리처럼 나비처럼: 성공의 원리*The success principles*》 잭 캔필드, 재닛 스위처 | 조찬비 | 청미래 (123쪽)

36 《성공하는 사람은 생각이 다르다》 김양호 | 비전코리아 (145~146쪽)

《당신의 소중한 꿈을 이루는 보물지도*幸せな寶地圖であなたの夢がかなう*》 모치즈키 도시타카 | 은영미 역 | 나라원 (33~35쪽)

37 〈올림픽 6연패 신궁들이 수험생·취업준비생에게 전하는 '특수 심리 훈련법'〉 신동아 통권 514호 | 김현미

38 《마인드 파워*Mind Power*》 존 키호 | 최상수 | 김영사 (23~24쪽)

39 《에스테 로더 자서전》 에스테 로더 | 정성호 역 | 어문각

40 《독수리처럼 나비처럼: 성공의 원리*The success principles*》 잭 캔필드, 재닛 스위처 | 조찬비 역 | 청미래 (167~168쪽)

41 《청춘 성공 백서*If you think you can*》 T. J. 호이징톤 | 최재경 역 | 삼성출판사 (95~96쪽)

《돈을 끌어들이는 하루 10분 성공다짐*The wealthy spirit*》 첼리 캠벨 | 노혜령 역 | 이레 (461쪽) 외 10여 권

42 《한국 자본주의의 개척자들》 조동성 외 | 월간조선사 (179~194쪽)

43 《나는 절대로 쓰러지지 않는다*孫正義 起業の若き獅子*》 오시타 에이지 | 은영미 역 | 나라원 (110쪽)

44 《하고 싶은 일을 하라*Discovering yourself*》 오리슨 스웨트 마든 | 박정숙 역 | 다리미디어 (262쪽)

45 《좋아하는 일에 미쳐라: 혼다, 꿈의 이력서》 혼다 소이치로 | 이수진 역 | 부표

46 《협상의 전략*Bargaining for advantage*》 리처드 셸 | 박헌준 역 | 김영사 (52~53쪽)

47 《마음의 평화로 부자되기*Grow rich with peace of mind*》 나폴레온 힐 | 이지현 역 | 국일미디어

48 《부의 법칙*The dynamic laws of prosperity*》 캐서린 폰더 | 남문희 역 | 국일미디어

49 《독수리처럼 나비처럼: 성공의 원리*The success principles*》 잭 캔필드, 재닛 스위처 | 조찬비 | 청미래 (165~166쪽)

50 《맥스웰 몰츠 성공의 법칙》 맥스웰 몰츠 | 공병호 역 | 비즈니스북스 (140쪽)

51 《TIME POWER 잠들어 있는 시간을 깨워라》 브라이언 트레이시 | 김동수 역 | 황금부엉이 (49~50쪽)

52 《하고 싶은 일을 하라*Discovering yourself*》 오리슨 스웨트 마든 | 박정숙 역 | 다리미디어 (47쪽)

53 《종이 위의 기적, 쓰면 이루어진다*Write it down, make it happen*》 헨리에트 앤 클라우저 | 안기순 역 | 한언 (9~10쪽)

54 《CEO to CEO *ガキの自叙傳*》 이나모리 가즈오 | 김형철 역 | 한국경제신문사 (127~129쪽)

55 《영혼을 위한 닭고기 수프 2*Chicken soup for the soul*》 잭 캔필드, 마크 빅터 한센 | 류시화 역 | 푸른숲 (50~53쪽)

56 《독수리처럼 나비처럼: 성공의 원리*The success principles*》 잭 캔필드, 재닛 스위처 | 조찬비 역 | 청미래 (82쪽)

57 《MBA에서도 가르쳐 주지 않는 프레젠테이션*Knockout presentations*》 다이앤 디레스터 | 심재우 역 | 비즈니스북스 (87쪽)

《한가지로 승부하라*Focal point*》 브라이언 트레이시 | 권문구 역 | 21세기북스 (187쪽) 외 10여 권

58 《1등의 기술》 김상운 | 랜덤하우스코리아

이지성의 꿈꾸는 다락방

초판 1쇄 발행 2017년 6월 30일
초판 15쇄 발행 2025년 6월 9일

지은이 | 이지성

발행인 | 박재호
주간 | 김선경
편집팀 | 허지희
마케팅팀 | 김용범

디자인 | 김윤남
종이 | 세종페이퍼
인쇄·제본 | 한영문화사

발행처 | 차이정원
출판신고 | 제2016-000043호
주소 | 서울시 마포구 양화로 156(동교동) LG팰리스 612-2호
전화 | 02-334-7932 **팩스** | 02-334-7933
전자우편 | 3347932@gmail.com

ISBN 979-11-85035-95-6 03320